师生共成长中的实践与思考

——辅导员工作优秀案例合集

王 震 靳 凯 王鑫鑫 李 莉 编著

中国海洋大学出版社

·青岛·

图书在版编目（CIP）数据

师生共成长中的实践与思考：辅导员工作优秀案例合集 / 王震等编著 . —青岛：中国海洋大学出版社，2024.3

ISBN 978-7-5670-3724-3

Ⅰ. ①师⋯　Ⅱ. ①王⋯　Ⅲ. ①高等学校—辅导员—工作—案例—青岛　Ⅳ. ①G645.1

中国国家版本馆CIP数据核字（2023）第243351号

师生共成长中的实践与思考
——辅导员工作优秀案例合集
SHISHENG GONG CHENGZHANG ZHONG DE SHIJIAN YU SIKAO
—— FUDAOYUAN GONGZUO YOUXIU ANLI HEJI

出版发行	中国海洋大学出版社	
社　　址	青岛市香港东路 23 号　　**邮政编码**　266071	
网　　址	http://pub.ouc.edu.cn	
出 版 人	刘文菁	
责任编辑	董　超　郝倩倩	
印　　制	青岛国彩印刷股份有限公司	
版　　次	2024 年 3 月第 1 版	
印　　次	2024 年 3 月第 1 次印刷	
成品尺寸	170 mm × 240 mm	
印　　张	17	
字　　数	269 千	
印　　数	1 ~ 1000	
定　　价	78.00 元	
订购电话	0532-82032573（传真）	

发现印装质量问题，请致电 0532-58700166，由印刷厂负责调换。

前言

　　高校辅导员是开展大学生思想政治教育工作的骨干力量，是高等学校学生日常思想政治教育和管理工作的组织者、实施者、指导者。为了全面学习贯彻习近平新时代中国特色社会主义思想，落实立德树人根本任务，增强大学生思想政治教育工作的针对性和实效性，山东科技大学自2019年起，每年组织开展辅导员优秀工作案例推荐评选活动，旨在鼓励辅导员聚焦学生教育管理服务中的痛点、难点和前沿问题，总结解决问题的新思路和新方法，着力提高育人能力，不断提升工作质量。我们将评选出的部分优秀案例结集出版，希望能够对辅导员工作有一定的参考借鉴意义。

　　同时，我们也希望广大辅导员牢记"为党育人、为国育才"的初心使命，不断拓宽思想政治教育工作的视野格局，不断提升自身综合素养，更好地肩负起培养堪当民族复兴大任的时代新人的历史重任。

目录

学风建设

学生日常管理事务

校园危机事件应对

思想理论教育和价值引领

党团和班级建设

网络思想政治教育

学风建设

塑造优良学风，成功始于起点[*]

袁玉磊

一、案例基本情况

"一年之计在于春，大学之学在于初。"一名大学生的未来成长如何，大学学习习惯如何，关键在于入学之后的心态转变、学习习惯调整和大学规划。往往大一第一个学期之后，就能基本上确定大部分学生大学期间的成绩区间。比如，学习成绩好的学生，基本上还是在班级前几名。出现多门不及格的同学，未来可能还是会挂科。通过良好的引导，做好新生的学风建设，可以让学生起点高一些，尽快适应大学生活，为未来发展提供帮助。

（山东科技大学）济南校区学生以中外合作办学为主，入学时大部分学生定位明晰，都有自己的打算，出国、考研或就业。但有一定数量的学生，经过一两学年的学习，因为成绩不理想，放弃了最初的规划。尤其是计划出国的学生，因为绩点达不到自己心仪学校的要求，选择放弃出国。

从今年开始，对财经类专业的学生来说，最难的高等数学改为教考分离，老师考前都不知道考试内容，老师和学生都面临较大的压力。

所以从接到通知，得知自己要负责新生工作开始，新生的学风建设就成了我的重点工作。我的主要思路是对新生做到引、影、夯和补，即从思想引导、氛围营造、强化指导和查缺补漏四个方面开展工作。

---

[*]该案例荣获2019年山东省高校辅导员工作优秀案例二等奖。

二、组织实施

1. 思想引导，培养学生学习意识

（1）转变学生观念，树立正确的学习观。入学教育期间，为了纠正学生上大学之后应该放松一下的心理状态，我重点给学生讲了学习的重要性。为了让学生有更直观的认识，我把之前所带未毕业学生的情况进行了举例说明，对其入校之后的心理状态、生活习惯和学习态度等方面进行了介绍，用直观的案例来劝诫学生珍惜大学生活。

（2）选树模范兼导，明确优秀学生标准。兼职辅导员是大学生入学之后第一个值得信赖的人，他们的一言一行都会影响学生。在选拔兼职辅导员时我从学习成绩、个人形象、性格品质和榜样带动作用等方面对学生进行了考查，逐个进行面试谈话，对有意向的学生侧面了解其他学生对该生的评价。同时，严格要求兼职辅导员跟班上自习，做好新生入学后的晚自习监督。

（3）逐门分析课程，增强学生危机意识。学生入校之后，对每一门课程都没有概念，都听说高等数学容易挂科，很难学。开学之后，我和兼职辅导员分别在入学教育阶段为新生进行了课程分析，介绍每门课程讲授的内容，并告诉他们如何去学。例如，对于高等数学学习，重点介绍了高等数学改革问题和教考分离。

（4）宣传优秀标准，传播优秀集体观念。开学第一个月，我要求每个班级都要组织优秀学长宣讲，重点邀请学习成绩或科技创新比赛成绩突出的学生，发挥其学习和参加比赛的导向性。让学生明白优秀的标准，只有德智体美劳全面发展的学生才是真正优秀的学生。同时，给学生强调集体观念，作为班集体的一员，如果每个人都优秀，集体自然会优秀。

2. 氛围营造，营造良好学风氛围

（1）提前规划宿舍，合理分配学生资源。财经系三个专业都是文理兼收，很多学生数学和英语两门基础课都较弱。为了使每个宿舍的学科基础更加均衡，新生录取结束之后，我第一时间联系教务科，拿到录取成绩表，综合分析学生情况，在保证随机分配宿舍的同时，兼顾文理科、数学英语水平和高中所在学校情况等，避免出现一个宿舍都是文科生、没有数学学习氛围的情况。确保每个宿舍有1~2名数学或英语较强的学生，通过身边榜样的力

量来带动成绩较差的学生的学习。

（2）创建学习小组，部分优秀带动集体优秀。"十一"假期过后，我把数学和英语底子好的学生召集起来，开了一次动员会。宣传组建学习小组的重要性，让学有余力的学生和相同水平的同学组建学习小组，大家相互讨论，相互督促，相互影响，共同进步。制定相关制度，小组成员每周定期进行集中讨论和学习，把底子好的学生的积极性调动起来。让数学小组成员分别担任小组长，然后把班级所有同学分配到各小组，由小组长给他们讲题并组织讨论。每周晚自习定期组织一次分组学习和讨论。

（3）搭建家校平台，共同做好学习督促。学生的学习成长，不仅仅是学校单方面的问题，也与家庭有很大关系。做好家校沟通，才能做好学生工作。建立家长微信群，主要有两个方面的原因：① 很多学生第一次离家，家长对孩子的不舍、担心使其对孩子学习和生活的关注度提高，通过QQ群不定时分享学生在校的表现，让家长对学校的工作更加认可，也能拉近辅导员和家长的距离，使家长更配合学校工作；② 在取得家长信任之后，通过分享观点，向家长宣传家校共同促进的理念，家长也会及时和我沟通情况，让我对每个学生的成长有更加明晰的认识。

3. 经验指导，锻炼学生学习习惯

（1）听优秀学长宣讲，明确大学学习目标。学校提倡优秀学长导学，朋辈教育对学生的思想引导非常重要。第一步，邀请一些获奖较多的综合素质较强的学生宣讲，这类学生更容易引起学生关注，他们的建议往往容易被学生接受。第二步，当学生在学习过程中遇到学习问题时，及时跟进。比如，在学生对数学学习产生疲惫感，对英语作业产生急躁心理时，邀请该科成绩比较突出的学长，讲授学习方法和如何度过学习疲惫期等，从整体目标引导到局部目标指导，保证宣讲的效果。

（2）利用学长经验，提升学生复习效果。离期末还有20多天的时候，通过和一些基础较差的学生沟通，发现他们对数学考试没有信心，有放弃的想法。正值考研结束，我突然想到可以让考研学生给他们辅导数学。我第一时间联系了毕业班老师，推荐一名负责牵头的学生党员，组建了考前辅导小组，让学有余力的学长为他们提供有针对性的辅导。

（3）多项工作并举，丰富学生课余时间。我尝试改变学生大学一年级上学期不参加科技创新比赛的情况，动员学生参加。上半年已经在国家级比赛中拿到7个奖项，通过这些获奖学生的带动，下学期会有更多的学生参与科技创新竞赛。"以赛促学"，以科技创新带动学风工程建设。

4. 查缺补漏，提升学生心理底线

（1）建立学生档案，逐个突破督促。拿到入学档案之后，我重点了解了数学、英语较弱的学生。首先让兼职辅导员对其重点关注，通过谈话沟通，让学生重视该课程的学习。督促学生坚持学、坚持问，力争有突破。

（2）把握底线规律，提高学生目标。学生入学后的一学期，是定位底线的半年，如果成绩非常好，那么心理上的优越感会让这个学生更加努力、保持优势。如果出现两三门挂科，那么就会有成绩差、能力不足的自我定位。所以，针对学生的心态，我的工作重点就是保证每个学生守住自己的底线，起码要及格，这样学生下学期的目标就是争取更好的名次，而不是这学期有门课不及格，下学期再出现不及格的情况也能接受，这种心理一定不能有。

三、工作成效

现阶段，学生学风整体良好，在学习高等数学下册时，94.93%的学生已通过上册的考试。英语成绩也较为突出，在刚刚结束的大学英语四级考试中，金融1班一次性通过率为100%，四个班级中每班只有1～2人未通过。2019年，年级获得省级以上奖励达125人次。相信在新的一年，会有更多学生获奖。

作者简介

袁玉磊，男，汉族，1984年5月出生，中共党员，工学硕士，讲师，国家三级心理咨询师。2008年8月入职山东科技大学从事辅导员工作，现任山东科技大学电气信息系党总支副书记。开展"以赛促学"以科技创新带动学风工程，推行"1+N"科技创新工作模式，坚持"以赛促学、以赛促教、以赛促创"的科技创新工作理念，坚持科技创新比赛校赛大众化、省赛国赛精英化。

辅导员工作感悟

从事辅导员工作15年来，坚持以生为友、以心育人的工作理念。时刻用实际行动践行立德树人的目标，做学生成才路上的引路人。热爱学生本身就是一种教育手段。学生辅导员首先要热爱学生，视学生工作为事业，这是保证学生工作有效开展的前提。只有发自内心地热爱，才能设身处地地理解学生，才会有了解学生的愿望，主动引导和帮助学生，真心诚意地尊重学生。辅导员能带动学生群体的进步，我们从事着人间简单而复杂、平凡而伟大的工作。

润物无声，学风建设助力展新颜

王文鑫

一、案例基本情况

三年时间，某班从大一时优良率年级垫底、挂科率"名列前茅"，到大四时学习氛围浓厚、班级团结奋进、专业特色突出并获评学校首届"十佳班级"。这可喜变化的背后，学风建设起到了潜移默化、润物无声的作用。

而该班在大一时之所以问题突出，经过细致了解和分析，发现原因如下。

1. 专业认同不够

由于班内大多数学生是高考后调剂到本专业的，对本专业认识不足，缺乏认同，也存在一定的心理落差，导致很多学生在学习上兴趣不高、动力不足，甚至部分学生还出现了逃课行为。

2. 自制力偏弱

从紧张枯燥、高压状态的高三，进入相对自由的大学，部分学生不能很好地适应环境变化，从"联管"到自制，身份的转换不够及时、彻底，甚至有些迷失自我、丧失学习动力，导致大一学年班内学习氛围持续低迷，学生中成绩突出、目标明确的较少，成绩较差、贪玩迷茫的较多，班级各项指标在专业甚至年级中垫底。

3.骨干队伍不强

学生干部队伍学习成绩两极分化，仅少数班委的成绩在班内名列前茅，部分班委成绩靠后甚至挂科；主要学生干部模范带头作用不足，班长大一下学期出现挂科，团支书的成绩连续两个学期徘徊在班级中游。学生干部队伍整体在学习上不能起到很好的带动作用。

4.凝聚力不足

部分学生干部不能很好地履行职责，对班级建设不够上心，对同学不够关心；一些学生干部缺乏管理经验、遇事得过且过，不敢、不会、不能问题较突出；班内学生之间的沟通、联系也不够紧密，集体意识相对缺乏，还出现了小团体现象。

二、应对措施

1.加强专业教育，培养良好学习氛围

（1）开发有利资源，提升学习兴趣。依托班主任制度及专业教育课程，邀请班主任及专业课教师对学生进行深入细致的专业教育；邀请学院青年专家、优秀学长给学生做讲座；组织学生参观地球科学馆等专业场馆，多渠道加强学生对本专业的认同感，提升学生的学习兴趣。

（2）多管齐下，激发学习动力。鼓励支持学生参加科研创新活动、加强与老师的交流学习、跟随导师外出实习等，增加学生阅历、眼界和对专业的认识；不定期组织开展学生科研讲座，发挥已经参与科研活动且有成果的学生的模范带头作用，给班内其他同学讲解过程、分享经验，充分提升学生的学习动力。

（3）严格落实考勤制度。实时掌握课堂动态，定期进行梳理汇总，有针对性地开展谈心谈话，最大可能杜绝逃课现象，提高课堂出勤率和学习效率。

（4）落实挂科检讨制度。每学期考试成绩出炉后，组织挂科学生及其所在宿舍召开检讨会，总结挂科原因、找出关键问题，并细致讨论下步打算、改进措施、实施步骤，切实提高学生学习自信心并降低挂科率。

2. 开展心理健康教育和职业规划教育，提高学习动力

（1）开展大学适应性教育，帮助学生尽快适应大学生活和学习节奏，及时有效地完成身份转变，尽快进入良好的学习状态。对于部分适应不良或者有其他心理问题的学生，及时开展精准心理干预和帮扶，力争不让一个学生掉队。

（2）依托每学期都要进行的"大学生职业发展和就业创业指导"系列课程，开展职业规划教育，加强与学生的沟通和交流，帮助更多学生更好地认识自我、摆脱迷茫、规划未来，提高学生的学习动力。

3. 发挥学生干部的带头作用，提高其服务意识

（1）加强学生干部队伍建设。大一学年结束，及时组织开展班级总结年会、班委述职大会，并进行班委换届选举，撤换学习成绩差、责任心弱、群众基础差的学生干部，改由学习积极、成绩较好、责任心强、群众基础好的学生担任。切实提高学生干部队伍的质量，加强对学生干部的管理和要求，发挥学生干部队伍应有的带头作用。

（2）提高学生干部服务意识。坚持以身作则，带领学生干部深入学生课堂和宿舍，交流生活和学习经验，拉近与学生的距离。充分利用学生干部与学生同吃、同睡、同学习、同生活的优势，精准掌握学生情况和需求，有效判断班级发展趋势，及时解决班级和学生的问题。

4. 提升班级凝聚力，营造学习氛围

（1）建立年度活动规划。定期组织召开不同主题的班会和团日活动，开展"学生讲堂"，让学生自由畅谈自己的理想，讲述对大学和专业的认识、学习和生活心得、对未来的规划等，使学生在集体活动中加强交流、加深感情。

（2）不断灌输集体意识、团结意识。因为地质类专业的特殊性，学生需要经常野外实习，对学生间团结互助的要求较高，因此提出"不抛弃、不放弃"的约定，坚决做到"拉得出、干得好、带得回"，出去多少人就要安全回来多少人，所有的任务都要分工合作、集体完成，成绩好的、做得快的要帮助成绩差的、做得慢的。随着时间的推移，学生之间的感情更加深厚，班级凝聚力不断提高，班内学习氛围日益浓厚，班级成绩越来越好。

（3）开展"学霸"帮扶制度。在班内举办"学霸"小课堂，由班内各科学习成绩优秀的学生分享他们的学习心得、学习笔记等，并答疑解惑；对于存在弱项的学生指定专人结对，配合老师有针对性地查缺补漏、答疑解惑。班级整体学习氛围越来越浓厚，学生整体成绩不断提高。

三、工作成效

三年不间断的学风建设取得了非常好的效果，具体表现如下。

1. 优良率显著提高，挂科率整体下降

从表1、表2可以看出，该班级三年来，优良率显著提高，从大一的年级垫底逐渐变成名列前茅，大三学年优良率更是大一学年的2倍以上，位居全年级第一；挂科人数和挂科率也整体呈下降趋势，大三学年挂科率在同专业内最低。

表1 某班优良率展示表

学期	大一上	大一下	大二上	大二下	大三上	大三下
加权平均分优良人数	13/38	10/38	14/34	17/34	25/34	25/34
优良率	0.34	0.26	0.41	0.50	0.73	0.73

表2 某班挂科率展示表

学期	大一上	大一下	大二上	大二下	大三上	大三下
挂科人数	9/38	8/38	10/34	4/34	4/34	5/34
挂科率	0.23	0.21	0.29	0.11	0.11	0.15

2. 学风积极向上，科创成绩突出

经过三年的沉淀与积累，该班形成了浓厚的学习和科研创新氛围。截至目前，班级学生公开发表SCI论文6篇，中文核心期刊论文2篇，其中SCI论文第一作者3篇；1名学生荣获全国"李四光优秀学生奖"（2019年度全国获此奖的本科生仅5人），3名学生获得推免研究生资格，3名学生获第十六届"挑战杯"省赛一等奖。另外，还有1项实用新型发明专利已提交

授权申请，1篇SCI论文、1篇中文核心期刊已投稿并得到了反馈，正进行修改，近期有望公开发表。

3. 班级氛围良好，凝心聚力逐梦前行

学风建设促使该班逐渐形成团结友爱、互帮互助、积极进取的良好氛围。经过三年的相处和建设，班内学生摒弃了小团体意识，不断加深了解和信任，融合形成了一个富有凝聚力的团结活泼的班集体，并获评学校首届"十佳班级"荣誉称号。

四、经验启示

1. 提高认识，学风建设要常抓不懈

大学生是国家建设的生力军和宝贵资源，学风建设是否到位、能否有效，是关系到每一个学生切身利益、关乎国家未来的大事。学风建设要常抓不懈、常抓常新，要不断提高学风建设的自觉性和长效性。

2. 多管齐下，学风建设要行之有效

要建立良好的工作体制和机制，从组织上保障学风建设有序开展、后继有力；要立足实际情况，找准问题关键，精准剖析，科学制定行之有效的学风建设办法；要提高全员育人意识，辅导员、教师、优秀学生和学生干部队伍要多方联动，充分发挥其思想引领和模范带头作用，有效促进学风建设良性发展；要注意立足专业、突出特色，及时掌握学生真实情况和需求，有针对性地进行指导和帮助，促进学风建设不断深入发展。

作者简介

王文鑫，女，汉族，1987年3月出生，中共党员，理学硕士，讲师，国家三级心理咨询师。2013年11月入职山东科技大学济南校区，2015年1月到山东科技大学地球科学与工程学院从事辅导员工作，现任山东科技大学地球科学与工程学院学生工作办公室主任。探索"领头羊"学风培育模式，以点带面育硕果，所带学生获评全国"李四光优秀学生奖"1人、"中国大学生自强之星"1人，考研率位列全校前列。形成"咨询师"教育管理模式，关注学生的喜怒哀乐，解决学生的困难困惑，助力学生成长成才；建立特殊群体学生库和"宿舍—班级—辅导员"三级关爱网络，用情付诸实际行动，将爱深植学生心中。

辅导员工作感悟

初心如磐，使命光荣。辅导员是开展大学生思想政治教育工作的骨干力量，面对整体环境、工作对象、方式载体不断变化带来的新情况和新问题，应当不断提高自身道德修养，以模范行为影响和带动学生，做学生为学、为事、为人的榜样。应当紧扣时代脉搏，在辅导员岗位上精耕细作、精雕细琢，增强大学生思想政治教育工作的时代性和时效性；应当坚持以情育人、以爱化心，围绕学生、关爱学生、服务学生，让思政的光芒点亮青春理想，让教育的温暖走进学生心灵。

四维一体"组合拳"，助力学生成长"不掉队"

郭 婷 杨洪骞

一、案例基本情况

学生小孙，男，2015级自动化专业学生，出生于农村普通家庭，家中次子，日常生活俭朴，性格内向，无明显要好的朋友。在校期间，经由同学介绍，在学校附近一家健身房勤工俭学，贴补生活费，自此迷上健身。从勤工俭学转为兼职健身教练后，长时间旷课，一学期考试有5门不及格，并多次跟同学、老师表达要退学专职从事健身行业的想法。

二、组织实施过程

经过向班长、寝室同学和学生家长了解情况后，我与学生本人进行了多次谈话，结合对该生日常在校情况的观察，我认为其在校出现此行为的原因有以下几点。

1. 从个人思想方面看，学生攀比心理致其价值观出现阶段性扭曲，把金钱看得异常重要

进入大学之后，与以往一心一意扑在学习上不同，丰富的业余生活让学生的贫富差距慢慢显现。为了快速融入同学的消费圈，上大学伊始，小孙便在校内外勤工俭学，尤其接触健身行业后，他一心只想赚钱，觉得上课学习就是耽误时间，于是逃课成为家常便饭。

2. 从家庭方面看，经济困难导致其心理负担过重，想快速改变家庭现状

小孙原生家庭虽不贫困，但也不富裕，家中经济负担较重。小孙性格内向，不善表达，但是十分孝顺，体谅父母的辛苦，非常想通过自身的努力，减轻家庭负担，帮助家庭改变现状，证明自己。

3. 从外部环境方面看，当前复杂多变的社会环境和网络环境造成新时代大学生的思想观念多元化

当今社会一些不良风气的影响使部分学生急功近利，认为工作能赚钱就好，忽视专业学习和自身素养的提高，目标方向错误，失去了个人学习奋斗的内驱动力。

我在对其现状和问题原因进行分析的基础上，利用"四维工作法"，主要采取了以下措施。

1. 打出"友情拳"，对标真实案例，提高学生思想认同度

在与小孙谈话期间，我首先通过询问小孙的日常兼职工作和生活，拉近与他的距离，了解其兴趣爱好，寻找共同点，消除小孙的心理戒备，用他想听、爱听、听得懂的话进行沟通。谈话期间以其偶像为切入口，从其偶像作为哥伦比亚大学经济学的优秀毕业生说起，不仅学业优秀，而且还自律地把自己从"胖渣"练成"行走的荷尔蒙"，同时结合小孙身边优秀同学的真实案例让小孙明白，学习和健身不仅不冲突，还是给自己添彩的有力工具，从而转变小孙的思想认知。

2. 打出"亲情拳"，发挥共情作用，与学生感同身受、同频共振

小孙虽然现在痴迷健身导致多门课程挂科，但是从其入学成绩和大一、大二的学习成绩以及周围同学对他的评价来看，小孙的学习底子并不差，而且也不执拗。因此，在谈话中，我从小孙的家庭现状入手，为小孙摆明事实，使其看清现实的压力，让小孙体会到父母的不容易，深挖其内心对父母的感情，引导其将对父母的歉疚转换成学习的动力，鼓励小孙做自动化专业的健身达人。

3. 打出"危机拳"，发挥制度的约束作用，击退学生退学的想法

在安慰小孙，做小孙思想工作的同时，我也拿出数据，将小孙旷课的次数和成绩单摆在面前，通过对其讲解学生旷课违纪处分的办法，给小孙施加压力，让小孙明白，如果照此现状继续下去，等待他的将不是主动退学而是纪律处分和开除学籍，让爱面子的小孙明白，被动清退对其个人和家庭的影响和后果。同时，告知其旷课所折合的学费数额，让他明白，他旷课所损失的钱要比兼职赚的钱多很多。

4.打出"合力拳"，发挥协同育人作用，帮助学生重塑信心

面对小孙的现实困难，我与各方联系，共同解决问题。找到专业课老师，帮助小孙辅导落下的功课；建立班级学业帮扶小分队，让同学帮助小孙重拾良好的学习习惯，巩固学习内容；联系健身房帮小孙协调兼职时长，保留学生的兴趣；对接学院社团组织，帮小孙丰富课余文化生活，培养其科技兴趣，从而全方位地帮助他重拾学习信心，不断争取进步。

三、工作成效

1.相互尊重、理解包容，亦师亦友效果好

作为辅导员，我们面对着众多不同的个体。在多元化社会环境下，每个个体都有其独特的成长经历和思维意识。当学生出现问题时，我们不能高高在上，要充分理解和尊重学生，理解他们的想法，尊重他们的爱好，拉近距离才是做通工作的前提。我没有否定小孙的兴趣，更没有对他横加指责，通过交流沟通，小孙与我亦师亦友，也对老师的帮助铭记于心。

2.因材施教、用心付出，网格管理定位准

育人事大，常怀奉献之心。为了及时发现问题，在班级中采用网格化管理的模式，划分不同层级，形成宿舍、团支部、学生组织、班委组织等不同网格，让每名学生置身于不同层级的网格管理中，形成"事事有人做，人人有事做"的常态。小孙慢慢重整旗鼓，找回了自信，为以后能顺利毕业不断努力。

3.协同机制、形成合力，立德树人成效实

特殊学生的问题不是一次能解决的。辅导员要建立学生档案，把学生的详细情况记录在册并持续跟踪，在其以后的学习生活中给予不间断的帮助。小孙在大三出现问题后，我安排班级主要学生干部、宿舍同学等朋辈，持续发力、重点关注，在其剩下近两年的大学生活中，适时给予指导，帮助其找到正确方向。最终，小孙顺利完成学业，找到了心仪的工作，现就职于青岛某科技公司，担任技术顾问，真正成为自动化行业内的健身达人。

作者简介

郭婷，女，汉族，1989年11月出生，中共党员，法学硕士，副教授，国家中级职业指导师。2015年9月入职山东科技大学电气与自动化工程学院从事辅导员工作，现任山东科技大学电气与自动化工程学院学生工作办公室正科级干部。

坚持理论与实践并重，五育融合、全面发展的工作理念，明责担当守初心，久久为功育栋梁。创新工作思维，总结凝练"四个协同"工作机制。注重工作品牌培育，指导研究生第四党支部获评"全国研究生样板党支部"。

辅导员工作感悟

成为一名辅导员，是选择，更是奉献。正是因为有了24小时从不关机的守候，正是因为有了学生有事随叫随到的辛劳，正是因为有了学生取得成绩时的骄傲，正是因为有了学生违纪时的着急，才让辅导员的工作多姿多彩，总是充满了新鲜和挑战。事业任重道远，用辛勤的汗水，让平凡的辅导员工作编织出不平凡的画面！

精准"滴灌"、靶向"施肥"，为大学生创新创业蓄积"源头活水"

王玉鹏　陈　猛　樊玉华

习近平总书记在党的二十大报告中明确提出："必须坚持科技是第一生产力、人才是第一资源、创新是第一动力，深入实施科教兴国战略、人才强国战略、创新驱动发展战略。"作为大学生成长成才的人生导师和健康生活的知心朋友，辅导员理应为大学生创新创业保驾护航；辅导员要修炼"四化"招数，精准"滴灌"、靶向"施肥"，为学生创新创业蓄积"源头活水"，激发"双创基因"，着力造就拔尖创新人才。

一、案例背景

小王，男，我校2022级机械电子工程专业本科生。大一上学期学习成绩专业第二，科技创新兴趣浓厚，想参加科创竞赛，却无从下手；想组建科创战队，却难寻人才；想基于项目式学习提高专业能力，却难以深入。据悉，小王的困惑并非个别现象，在低年级学生群体中比较普遍。

二、案例分析

该生的情况属于因学有余力、乐于科创、苦于无道可循而面临创新创业困惑及问题。指导学生有效参与科技创新实践活动，既有利于推动大学生创新创业教育深入发展，也有利于促进"双创"带动"学风"的乘数效应持续释放。本案例中小王的困惑是双创教育中"点"的问题，如何做好"线""面""体"的工作，关键在于深刻剖析问题的根源及原因。经调研，小王及低年级学生群体遇到困难的原因如下。

1. "匹配度"不高，自身验证能力待提升

身为大一新生的小王，面对数量较多的学科竞赛时，不能结合自身专业特长有效匹配合适赛项，也难以通过竞赛需求对比验证个人优势技能。同时，因为所学知识有限、参赛经验不足，小王不能合理地规划从入门到进阶的竞赛之路，以赛促学"倒逼"学习成长的效果不好，进而产生竞赛畏难情绪。

2. "精准度"不够，教师资源待挖掘

"不经一师，不长一艺。"很多学生在参与科创活动时往往是单兵作战，缺乏指导老师的精准指导和持续跟进，缺少"项目—学生—导师"协同模式。在项目选题、研究计划、技能储备、成果孵化过程中，缺乏学工导师的赛事解读和作品诊断，缺少专业导师的项目挖掘和业务培训。

3. "营养度"不足，培养体系待完善

学生创新创业能力培养是螺旋式上升的过程。通过调研学生所在学院的双创教育开展情况，发现组织的创新创业活动多为"散点式"，以解决学生双创活动的现实困惑为主。从入学启蒙阶段到职业生涯确定阶段，双创教育的激发、引导、培养的"营养度"不足，科创能力阶梯式培养模式不够到位。

4. "契合度"不强，平台机制待搭建

在和小王的谈话中，小王也吐槽所处困境："老师，我们参与科创活动缺钱、缺人、缺项目、缺地方……"虽然学生的反馈较为片面，但在一定程度上体现了学校供给和学生需求"契合度"不高，双创教育的激励机制、项目管理、团队建设、双创环境、育人合力仍有进步空间。

三、案例处置

要想解决好本案例，需要把"当下改"和"长久立"结合起来，既解决问题又建章立制。作为辅导员，我将通过"阶梯化成长平台、项目化培养方式、精准化帮扶机制和专业化师生团队"精准破题。

1. 挖需求，搭建阶梯化成长平台

学生需求是工作的起点和落脚点。通过与小王多次交流，我发现该生的难点在于"入门难、缺引导、没思路"。针对以上现象，我重点从"成长阶梯"下手，引导小王在大一阶段积极参加"育苗计划"，既要发挥"仅低年级学生参与"的身份优势，也要抓住"孵化项目培养人才"的锻炼机会。同时，每周通过《科技公报》梳理机电专业相关的科技竞赛，将竞赛要点和参赛需求推送给小王；并结合竞赛报名时间，有节奏地组织往届参赛学生开展竞赛宣讲，动员小王等低年级学生参会学习、熟悉赛事、提前备战。近期，小王已申报创新创业训练计划项目，该项目也成功入围校级立项名单，学生正在认真筹备省级大学生创新创业项目预答辩。

2. 促实践，探索项目化培养模式

为有效地解决小王"学习不深入、掌握不全面"的问题，我们不断探索项目化培养模式，在每年新生入学教育结束后，及时开展"寻找合伙人"科创项目双选会，向课题导师征集优秀创新项目，设立科研助理岗位，选拔推荐优秀学生入驻项目课题组。小王正是在双选会上遇到了自己心仪的项目团队，通过项目式学习，不断拓展探究。与此同时，每年组织"揭榜挂帅"科创行动，遴选的揭榜项目既要注重学生主体、课题难度适中，也要聚焦企业难题、行业热点，让师生团队开展项目研究，让学生成为项目的主要完成人。正是"揭榜挂帅"的校企合作活动，让小王等11名学生有机会到设榜企业的生产一线参观学习。

3. 争资金，实施精准化帮扶机制

为帮助小王摆脱资金紧张的难题，坚持"探寻+倡议"原则，实施精准化帮扶机制。一方面，我加强政策文件的研究学习，挖掘奖励办法中的激励举措，引导小王通过项目立项积极争取大学生创新创业项目、"育苗计划"等的经费；通过项目孵化成果及时兑换学校年度科技成果奖励资金；加强团队建设获批学校重点队伍建设经费。另一方面，积极倡议学院设立科技基金，通过合作企业冠名赛事争取赞助经费；倡议学院组建科创校企班，设立班级经费；建议学院每年度根据获奖等级、项目质量遴选十佳科创团队给予奖励支持。目前，小王所在的科创团队累计获得4000多元的资助奖励，已初步满足竞赛作品制作需要，为后期参与双创活动奠定了良好基础。

4.寻资源，推荐专业化师生团队

解决好"缺钱、缺项目、缺思路"的问题后，还要做好"缺人"的帮扶工作。首先，帮助小王寻找团队成员，学院牵头遴选优秀本科生、研究生人才库，定期发布科创人才库海报宣传材料，便于参赛学生寻找合适的团队成员。根据小王的项目课题和研究方向，我向小王推荐了1名硕士研究生和2名不同专业的本科生作为团队成员。其次，为小王引荐优秀指导教师，我们重点在建强配优师资队伍上下功夫，聘任在学术研究、指导竞赛、成果转化等方面取得突出成绩的青年教师作为常驻导师，聘请企业优秀人才担任兼职教师，将竞赛培训、创业指导与科创育人有机融合，更好地指导学生创造高水平科创成果。目前，已为小王推荐常驻导师和企业教师各1名。

四、案例反思

经过一段时间的培育引导，小王也逐渐在省级竞赛中崭露头角，找到心仪队员并参与到导师项目课题中。通过近一年的探索实践，"四化模式"科创体系建设初见成效，学生队伍结构更优，优质项目储备更足，创新氛围更浓。

1.结构更优，学生队伍结构逐步优化

随着科创体系不断健全，低年级学生获奖占比日益提高，大一及大二参加省级竞赛的学生从2021年的116人次，增长到2022年的158人次，增长了36.2%。高水平竞赛获奖人数占比稳步提升，2022年学科竞赛排行榜赛事获奖数为266项，占比50.4%。获得"科技创新拔尖人才"称号的学生数从2021年的92人递增至2022年的121人，科技创新的学生队伍结构逐步优化。

2.储备量更足，优质项目储备更加充足

优质项目不断孵化产出，自2022年实施"冲A强基计划"行动以来，共培育出12个育苗项目，多项作品同时荣获"挑战杯"课外学术竞赛省奖，取得实用新型专利授权。项目"成熟"速度越来越快，建设周期内产出更多的知识产权、学术论文、学科竞赛等支撑成果，多项国家级大学生创新创业项目提前完成结题，项目建设周期逐步缩短。

3.科创味更浓，创新创业氛围更加浓厚

"双创"热潮涌动，学生参与范围越来越广，2022年参与科创竞赛达1885人次，学生参加的竞赛种类数递增至41项。活动影响力越来越强，科创项目

双选会、"黄河流域"揭榜挂帅科创行动、大学生科技艺术节等特色活动不断涌出。双创辐射面越来越大，"产学研"校企项目越来越多，科创活动事迹先后被《大众日报》《中国科学报》以及半岛新闻等媒体报道。

作者简介

王玉鹏，男，汉族，1991年12月出生，中共党员，工程硕士，讲师，全球职业规划师。2018年9月入职山东科技大学机电学院从事辅导员工作，现任山东科技大学机电学院学生工作办公室正科级干部。着力打造学生干部"青春苗圃"培训营，不断

构建学生就业"四化"机制；组织开展"揭榜挂帅"科创行动、创新团队"攀登计划"、科创项目"双选会"，科创活动多次被新华网、光明网和《中国青年报》宣传报道。担任山东科技大学创新创业导师、国家级众创空间创新创业导师，并被评为"学生科技创新优秀指导教师"。

辅导员工作感悟

在引领青年、凝聚青年、服务青年的道路上，作为学生成长成才的人生导师和健康生活的知心朋友，要涵养"笃实好学"精神，争做青年的育人先锋；秉承"自我较劲"精神，争做青年的实干先锋；秉承"驰而不息"精神，争做青年的成长先锋。要不忘育人初心，厚植教育情怀，用笃实与创新成就学生的蜕变，用责任与担当放飞学生的梦想。

推动学生成长"圈层突破"，解锁艰苦专业"学风密码"

周尚涛

一、案例情况

习近平总书记在全国高校思想政治工作会议上指出："高校思想政治工作关系高校培养什么样的人、如何培养人以及为谁培养人这个根本问题。"对于高校艰苦专业人才培养而言，就是要培养具有艰苦专业责任使命和远大抱负的人，坚持不懈弘扬艰苦专业价值观，坚持不懈培育艰苦专业优良学风，培养为社会主义艰苦行业现代化建设服务的新时代青年。

然而艰苦专业往往存在学生思想不稳、成长动力不足、行业使命感不强、优质生源不足等"四不"现象，社会对艰苦行业的认知不到位、家长对艰苦行业的认可度下降等使学生的学习目的不明确、学习态度不够端正等。在这些不正常的现象和氛围影响下形成了影响学风建设的"怪圈"，例如"躺平圈""舒适圈""游戏圈"。

能源与矿业工程学院近年来结合学科专业特点，构建学生成长"能量圈"，积极推动"圈层突破"。破除"偏见圈"，思政教育引学风；突破"迷茫圈"，成长规划促学风；走进"学习圈"，学业督导保学风；奔向"二课圈"，创新实践推学风。优化艰苦专业学生学风，努力推动艰苦专业人才培养"进阶"。

二、组织实施

（一）深入调查研究，开展"分类式"讨论

通过问卷调查、走访考察等途径对国内21所高校艰苦专业学生的专业思想教育开展广泛调研，收集了关于加强艰苦专业思想教育的40条建议；在校内组织年级辅导员、班主任、学业导师等举办了23场师生座谈会，围绕"艰苦专业学生专业思想教育"主题，开展广泛的交流研讨；在学生层面开展"征集金点子"等活动，鼓励学生积极讨论、自我分析，集思广益，凝聚"艰苦专业学风建设"的思想共识。

（二）坚持问题导向，开展"对标式"查摆

运用大数据思维，进行专业思想教育指标量化统计，分别从招生生源、转专业比率、专业成长规划、行业就业情况等方面进行统计分析，将影响艰苦专业学生学风的因素概括为以下四点。

（1）社会、家庭对艰苦专业的认识不全面、认可度普遍较低，招录学生的分数整体偏低，录取分数与其他专业差距较大，生源质量普遍较差。

（2）艰苦专业录取的学生几乎都是被调剂的，专业认知极不稳定，认可度较差，转专业的意愿较为强烈。

（3）对所学艰苦专业的知识学习不感兴趣，缺少奋斗激情和上进心，容易满足。

（4）由于艰苦专业的工作环境往往条件恶劣、生命安全较难保障，大多数父母选择将子女"保护"起来，选择到工作环境好的企业工作，造成学生对艰苦行业使命感不强、职业方向不明，选择艰苦行业的学生明显减少。

（三）精准实施对策，开展"破圈式"整改

1. 摆脱"偏见圈"，着眼由"阶段性"向"常态化"转变，三窗四联，思政教育引学风

辅导员要破除艰苦专业学生的专业认知偏见，首先要从专业思政教育入手。走进学生、查找问题，打开专业发展"窗口"；在课程学习中加强思政教育，打开专业适应"窗口"；加强榜样先锋引领，打开专业引领"窗口"；实现"学院领导—专业教师—优秀校友—学生家长"四维联动，加强

学风建设。

通过开展"旗帜领航""校友助成长"等一系列活动，坚定学生从事专业学习的信心和决心，激发使命感和荣誉感；加强教师、校友、在校生三股力量的宣传报道，帮助学生了解专业发展，树立正确的专业价值观；建设"专业发展坐标"、党团史长廊、行业文化长廊等，打造融思政教育、文化熏陶、行为指导为一体的育人文化阵地；加强教师课程思政建设，绘制专业精神谱系，打通艰苦专业学生思想教育的链条。

2. 突破"迷茫圈"，着重由"被动"向"主动"转变，三段四级，成长规划促学风

辅导员要帮助艰苦专业学生摆脱对未来的迷茫，重点做好学生成长规划，深入把握入学阶段、在读阶段和毕业阶段等关键阶段，结合四个年级学生的不同特点运用因事而化、因时而进、因势而新的教育管理内容和手段，促进学风建设。

聚焦关键阶段，加强入学阶段的"适应教育"，做好一年级学生"动力起跑期"的教育管理，注重引导学生转换角色，围绕校史院情、专业思想、心理调适、政策解读等开展形式多样的教育引导；加强在读阶段的"发展教育"，做好二、三年级"决胜关键期"的教育管理，编印《学生成长服务手册》和《学生成长记录手册》，建立健全激励惩罚机制，引导学生加强行为习惯养成、做好学业职业规划，提高自律能力；加强毕业阶段的"衔接教育"，做好四年级学生"学社衔接期"的教育管理，加强学生职业规划教育和就业指导帮扶，开展"从生涯发展看就业选择公开课""聊聊就业那些事主题分享会""名企体验日"活动等，加深对工作岗位的认知，帮助毕业生了解社会、树立正确的职业价值观。

3. 走进"学习圈"，着手由"单向式"向"聚合式"转变，三率四看，学业督导保学风

辅导员要担起艰苦专业学生学风建设的主责主业，重点把握课堂、宿舍两个学业阵地。课堂阵地，学生干部考勤线与辅导员考勤线双线并行，保障课堂出勤率；课堂手机入袋，向课堂学习要效率，保障抬头率；鼓励学生和教师敢于互动、愿意互动、常态互动，保障互动率。宿舍阵地，看氛围，看苗头，看卫生，看作息。抓好两个阵地，三率四看，加强学业督导，营造良好学风。

通过开展"学风专项治理行动""学霸笔记漂流""课程阶段测试"等活动，构建互助辅导、学学相长、教学相长的共享式学习生态；实施"一对一帮扶机制"，组织成立"聚力帮帮团"，让学业成绩排名前10%学生、学生干部和党员帮扶学业成绩排名后10%学生，明确具体的帮扶对象、帮扶任务和责任要求，围绕学风建设、日常管理、考研指导等同步跟进辅导，每周汇总统计帮扶进展情况；组织深化导学关系，协助专业导师为学生提供个性化学业指导、服务个性化专业发展，促进教研融合。

4. 奔向"二课圈"，着注由"显性"向"隐性"转变，三行四延，创新实践推学风

辅导员要活跃艰苦专业学生的学风，积极开展第二课堂活动，尤其是与专业相关的创新实践活动，聚焦三个"行动"，做好四个"延伸"。开展科普宣传行动，讲述行业学者、校友、学子的成长故事；开展行业实践行动，提高学生的专业知识和技能；开展行业产学研探究行动，高质量培养学生的科学精神、创新能力和成果转化能力。推行辅导员"灯塔计划"和学生成长"远航计划"相融合的实践导航计划，着力通过校园劳动实践延伸、创新创业教育延伸、社会实践活动延伸、服务行业发展延伸，完善实践场域，推动学风建设。

坚持从校园劳动实践、创新创业实践和假期社会实践三个维度推进实现实践育人三个层次的目标，开展"精神文明、雅室留香"校园劳动教育活动，倡导"与导师一起做科研"，实现科教融合育人，组建"语你同行科普文化宣讲团""青春五丝带"志愿服务团，建立"阳光义工队""研究生支教团"等开展"红色寻访""科研揭榜""公益服务"实践专项，培育和增强学生的社会责任感，把爱国情、强国志落实到创新实践行动中。

三、工作成效

1. 专业思想更加稳固

学院转专业率以每年近15%的比例递减，2021级3个本科专业前3名的学生无一转出。学生在艰苦专业深造和就业的比例从34.7%上升至63.1%。每年录取学生中有5%的学生受上一级学生的影响选择继续攻读艰苦专业。2022年，涌现出9余名全国煤炭行业建功立业优秀青年校友，进一步提升了学生的行业使命感和荣誉感。

2. 学风建设成效显著

学院本科生升学率从46.8%增至54.4%，其中2022年采矿专业升学率达59.8%，工程力学专业升学率达71.7%，均创历史新高。其中，70.1%的考生考取"双一流"高校，涌现4个"全研宿舍"。学生学科竞赛参与率超过70%，获得"挑战杯"全国大学生创新创业大赛国家级金奖，同时在学科专业竞赛中实现了突破。

3. 学生工作固本拓新

发起并建设全国18所矿业学科高校学生工作交流平台，资源互通、经验共享、交流互促。学院团委获评"煤炭行业五四红旗团委"，"墨色五金"能源志行社获评"全国科普类优秀社团"；学生综合素质明显提高，1个青年团队荣获"山东省青年创新突击队"，1名学生获评"中国电信奖学金·天翼奖"。

4. 社会影响逐步扩大

进一步打通"行业价值—专业情怀—能源成就"的全链条行业使命感教育脉络，共青团山东省委书记刘天东等领导及兄弟高校同仁多次现场指导交流学院学生工作，典型做法被多家主流媒体报道，受邀在山东广播电视台等媒体平台推广工作经验。

作者简介

　　周尚涛，男，汉族，1987年2月出生，中共党员，工学硕士。2015年9月入职山东科技大学能源与矿业工程学院从事辅导员工作，现任山东科技大学能源与矿业工程学院学生工作办公室正科级干部。探索形成了学生培养的"四度"工作思路。以"小工刀"镌刻能源"大印记"，点亮学生思想之灯；以"小杠杆"撬动育人"大舞台"，铺就学生实践育人之路；以成长"小故事"涵育服务"大情怀"，疏通学生成长成才链条；以"小探索"成就能力"大提升"，提升工作履职能力。开展的工作被《中国青年报》头版、《光明日报》《中国矿业报》等10余家媒体报道。

辅导员工作感悟

　　"坚定理想信念，站稳人民立场，练就过硬本领，投身强国伟业"是习近平总书记对新时代青年朋友们的寄语。作为一名辅导员，我们要时刻铭记育人使命，用行动践行自己"育人报国"的理想，在实现中华民族伟大复兴中国梦的新长征路上奋勇搏击。

学生日常管理事务

心相连，共筑梦

——帮助家庭经济困难学生工作案例

郭婷婷

一、案例概述

郭某，女，大二学生。该生成长于贫困的农村家庭，父亲务农，经常早出晚归，与家人的沟通交流较少；母亲患有精神疾病，病重时意识不清，有严重的暴力倾向；家中还有三个姐妹，其中，大姐远嫁他乡且家庭条件一般，基本无法照顾父母家，二姐在读大学，妹妹在读高中。该生家庭经济负担沉重，生活窘迫。该生进入大学后深感短期内无力改善家庭经济状况，对未来的就业也比较担忧，面对这些困难她选择了逃避。加之性格内向，不擅交际，郭某逐渐沉迷于网络虚拟世界，经常看网络小说至深夜，严重影响学习，导致大一下学期五门挂科，甚至萌生退学打工的想法。

二、案例分析及解决方案

（一）案例分析

案例中的郭某是典型的因家庭经济困难而引发厌学、人际关系紧张等次生问题的大学生。该生的问题表面上是家庭经济困难，但实际上这只是"冰山一角"，我们可以借助"冰山理论"进一步分析其更深层次的问题。

该生的家庭经济负担沉重，但仍在上学读书的她无力改善家庭生活状况，在这种情况下她选择了逃避，把主要精力投入虚拟网络世界中，逐渐形成手机依赖心理问题。手机依赖症严重影响她的生活、学习、人际交往等，导致学习困难。

该生对所学专业的认知不够全面、深入，对专业的认同感较低，对就业前景了解不充分，缺乏科学合理的职业生涯规划，因此入校初期出现迷茫、学习动力不足等情况。

该生性格内向，自我效能感偏低。不擅交际，朋友圈相对较小、较单一，进入新环境后没有及时建立自己的人际关系，且与家人的沟通交流也较少。因此，该生的家庭支持系统和社会支持系统比较脆弱，当其遇到困难时，没有倾诉和求助的对象，得不到及时的帮助，无助感和挫败感不断增强。

（二）解决方案

帮助郭某分析内部资源，提升其自尊和自我价值感；完善其社会支持系统，在情感、经济等方面给予帮助；帮助该生制订合理的职业生涯规划，提升其社会竞争力。最终，通过不断净化其心理、优化外部环境，使其积极应对困难。

1. 自我资源优化

第一，挖掘内部优势资源，郭某一心想要改善家庭生活条件，这说明她还是热爱生活的；性格内敛沉稳，做事仔细认真；学习效率较高，虽然大一上学期也看小说，但仍然通过了全部课程。通过挖掘郭某的内部优势资源，帮助其重塑自信心。第二，纠正其不合理的观念。郭某认为读书无用，故而萌生退学的想法。辅导员要耐心地向其深入分析当前的就业形势，结合优秀学生案例，坚定其好好读书的决心。

2. 完善社会支持系统

第一，建立良好的家庭沟通模式。

由于郭某的家在偏远地区，加上家庭经济困难，因此很难组织家庭成员进行面对面的交谈，所以以电话沟通为主。辅导员与其父亲沟通交流，深入了解郭某的成长环境和成长历程，了解家庭成员间的沟通模式。在谈话过程中，郭某的父亲不善言辞，主动交流较少，但在言语间能够明显感受到他对家庭和孩子的爱。通过谈话找寻郭某和父亲的共同关注点，在"爱"的基础上实现二人的良好沟通，以求彼此理解、互相支持。

用同样的方法建立起郭某与其姐妹的良性沟通，大姐表示会尽自己最大的努力帮助家庭渡过难关，定期与妹妹联系，关心她们的生活、学习状况；二姐也已申请助学贷款和助学金，积极做兼职，减轻家庭负担。

郭某感受到了来自家庭的关爱和力量，她决心与家人携手共进。

第二，建立多维度社会支持系统。

重建郭某朋友圈，辅导员与郭某主动沟通交流，及时了解其思想和心理动态；专业老师重点关注其学习状态，如有必要则进行一对一辅导；主要学生干部除积极关心郭某的生活、学习外，还带动郭某参加一些感兴趣的活动，丰富自己的课余生活，结交更多的朋友；宿舍成员留意郭某的动态，及时与老师、家长沟通。大家一起行动，在感情上给予郭某温暖。

辅导员向郭某详细讲解学校的相关资助政策，协助其积极申请奖助学金、助学贷款、勤工助学等，实现多渠道助人、育人，在一定程度上缓解了学生的经济困难，改善了其在校生活水平。

3. 制订合理的职业生涯规划

通过兴趣分析、性格分析等帮助郭某进一步了解自己。通过优秀毕业生案例或者与专业老师、学长面对面交谈，帮助郭某深入了解所学专业，增强对专业的认同感，激发其学习热情。鼓励她在学校附近找到一份与专业相关的兼职，详细地了解工作环境。最终，帮助其制订合理的职业生涯规划，不断提升社会竞争力，增强她对未来生活的信心。

三、经验与启示

（1）家庭经济困难学生往往由于自卑或者经济压力而产生其他问题，比如心理健康问题、学习困难问题、人际交往障碍等。因此，在关爱家庭经济困难学生时，不能仅从减轻其经济负担入手，更应该全面关注、多方位指导，实现助学育人的终极目标。

（2）在关爱特殊学生群体时应该讲究方法，追求实效，透过表象分析本质，标本兼治，重塑学生的健康人生。学生的教育涉及学生、家庭、学校、社会等各个方面，学生工作者要有效调动、整合所有资源，形成联动机制，使多方协调统一，为学生的成长成才保驾护航。

（3）特殊学生群体的帮扶工作既需要爱心的滋润又需要理论的支持。特殊学生群体较为敏感，学生工作者在介入帮扶的过程中要真诚友爱，博取学生的信任，使教育工作润物无声。特殊学生群体的帮扶工作要讲究工作的艺术性和实效性，这需要深厚的理论功底做支持。所以，学生工作者要注重理论的学习和知识的积累，将教育学、心理学等知识融会贯通，熟练运用于学生工作中。

（4）建立特殊学生档案，持续关注和帮扶，准确掌握学生的思想动态和心理动态，及时给予引导和干预，保障学生健康稳定发展。注重整理案例，总结经验教训，提炼出程式化的解决方案和注意事项，提高工作效率和服务质量，积极推广典型经验，以便进一步交流，不断提升业务能力。

作者简介

郭婷婷，女，汉族，1986年10月出生，中共党员，工学硕士，讲师，国家高级职业指导师、国家三级心理咨询师。2012年7月入职山东科技大学化学与生物工程学院从事辅导员工作，现任文法学院学工办主任（团委书记）。坚持"围绕学生、关照学生、服务学生"的工作理念，助力学生成长成才。实施"五青计划"，加强思想政治引领；实施文化铸魂工程，打造诗词大会、法治文化节等品牌项目；注重实践育人，构建学生—组织—服务地"1+1+N"项目化实践育人模式，不断提升学生社会竞争力。

辅导员工作感悟

既然选择了远方，便只顾风雨兼程。十余载的辅导员生涯虽然充满艰辛与疲惫，但更多的是喜悦与欣慰。辅导员要像园丁一样在教育的沃土上精耕细作，在学生心中播撒理想的种子，用信念的光芒、爱的雨露"培根铸魂"；弘扬"工匠精神"，精心钻研，守正创新，率先垂范，用引导与约束"修枝剪叶"；以学生成长成才为目标，培养学生的创新能力、实践能力，提升综合素质，用锻炼与奋斗"开花结果"。我们与学生同向同行，共同成长，呵护他们茁壮成长并勇于担负起时代赋予的责任，为党育人，为国育才。

解决学生问题，决不能简单粗暴

刘　赛

一、案例概述

小明（化名）是一个身材瘦小、性格腼腆的男生，平时他在学习和生活中对自己要求非常严格，专业成绩优异，是老师们眼中守纪律的好学生。然而，我却收到了关于他的"举报"，内容是小明给女同学发的"骚扰"信息，并夹杂了威胁性的话语。经过多方面了解，他确实用QQ发过这样的信息，对该名女同学在心理上造成一定影响。小明是否会做出伤害女同学的行为？如何保护女同学的人身安全、做好心理疏导？小明的反常表现是不是还有隐情？一连串的问题摆在面前，作为辅导员，我始终坚信决不能简单粗暴地处理任何学生问题。

二、案例分析及解决方案

通过谈心谈话和深入了解，了解到这个案例不仅反映了学生间的人际矛盾问题，也有关特殊学生的心理问题。如何有效地解决学生矛盾，如何做好学生的心理疏导，如何给予心理问题学生帮助和关爱，是工作的重点和难点。为此，我从以下几个方面开展了工作。

1. 全面了解实情，不放过每个细节

我从侧面和正面对小明进行了深入了解，对每个与此次事件有关联的学生分别进行谈心谈话。首先，找到举报问题的学生，初步了解事情的经过，

发现小明在人际关系处理方面存在问题；其次，向收到"骚扰"信息的女同学详细询问事情发生的前因后果，对具体的文字信息做记录和保存；然后，向这名女同学的室友了解情况，并叮嘱她们在事情没有弄清楚之前暂时对班级其他同学保密；最后，向班长及舍友了解小明在班级生活和宿舍生活中的表现，为此次事件的解决提供更多依据。通过了解，小明在同学们的眼中是一个独来独往的人，在班内没有亲近的朋友，在宿舍也沉默寡言，有时会与宿友发生言语和肢体上的冲突。调查了一圈之后，决定和小明直截了当地谈一谈，他毫不避讳地说了实情，我认真倾听了他对这个事件的表述以及他本人的成长经历。在他的叙述中，我了解到他是想给这名女同学一些警告，让她意识到自己的问题和不足，但是方法上是过激和偏执的。同时，在和小明交谈的过程中，他隐约透露了自己会出现幻听，这引起了我的高度重视。

2. 及时汇报情况，寻求更专业的帮助

深入的了解让我感觉到小明可能存在心理方面的问题，我第一时间将了解的情况向学院领导汇报。他结合经验和实际情况给予我三点建议：一是该生需要专业的心理咨询，不能妄下结论；二是及时和学生家长沟通，将学生情况如实告知他的父母，并邀请他们来学校详谈和签订学生情况知情书；三是做好周围同学的心理疏导工作，特别是对收到信息的女同学，要引导她提升自我防范和保护意识。随后，我寻求心理健康中心老师的帮助，她为小明进行了一次心理咨询，初步判断他有抑郁倾向，建议走精神病医院为存在心理问题的学生开通的绿色通道，进行更加专业的诊断和治疗。

3. 联系家长，共同为学生健康成长护航

我马上与小明的家长取得联系，一方面让其父母了解其在校情况，另一方面需要其父母配合共同做好他的工作。我将小明出现的一系列问题和他父母多次进行电话沟通，取得了他们的信任和支持，他们愿意来校全力配合解决问题。我为小明的父母整理了一份知情书，并把心理健康中心老师的建议转达给他们。小明在父母的陪同下去医院做诊断，医生为他做了详细的检查，并对症下药，给出了专业治疗建议。经过沟通，小明的父母更加关心孩子在学校的表现，也与孩子保持密切联系。

4. 以生为本，制订周详的解决方案

在前期工作的基础上，围绕小明的实际情况，制订了问题解决的短期和长期方案。短期方案针对发送"骚扰"信息事件，首先，和小明同学再认真谈一次他发送的信息的危害，让他认识到这样做是对女同学的一种伤害，也是一种不负责任的行为；其次，引导他学会正确处理与同学的人际关系，鼓励他和女同学正面沟通，对自己的错误行为道歉。经过调解，女同学接受了他的道歉，小明承诺不再会出现此类行为。长期方案是帮助小明快乐生活、顺利完成学业。一是督促他遵从医嘱，借助校心理健康中心平台，为他提供更多心理咨询的机会；二是帮助他建立自信、树立目标，引导他发挥个人优势和特长；三是定期与他谈心，时刻关注他发送的每条QQ说说和微信朋友圈。经过引导，小明充分发挥他的摄影特长，在学生组织中担任副部长，结交了一些兴趣相投的朋友，与舍友的关系也逐渐融洽，更加明确自己的学习和生活目标。

三、经验与启示

1. 要透过现象发现深层问题

学生工作中隐性问题较多，因此不能只是解决表面问题，还要学会用脑、用心思考。案例中的小明犯了错误，如果只是惩罚并不能起到作用，而且还可能激起他异常的心理情绪，不利于排查和掌握特殊学生的情况。

2. 遇到心理问题学生要寻求专业帮助

作为辅导员，谈心谈话是重要的工作方式，但是并不能解决全部问题。我们需要明确什么事情可以胜任，什么事情必须寻求专业指导。我们要高度关注有心理问题的学生，也要给学生提供专业渠道，让他们得到专业建议和治疗。

3. 解决学生问题要有方法、多请教

每位学生都有自己的问题和情况，需要因人因事使用不同的方法。辅导员在工作中绝不能简单粗暴地处理问题，需要在实践中锻炼处理问题的能力，提升工作的艺术性。同时，要向工作经验丰富的辅导员多请教，及时向学院领导汇报，避免出现工作漏洞。

作者简介

刘赛，女，汉族，1990年8月出生，中共党员，文学硕士，讲师。2017年9月入职山东科技大学电子信息工程学院从事辅导员工作，现任山东科技大学电子信息工程学院学生工作办公室正科级干部。扎实做好思想教育引领，带领学生深入祖国西北边陲，在新疆喀什岳普湖县开展实践活动；积极做好科技创新引领，所带学生获得科创竞赛奖励累计百余项，首个大一团队斩获全国电子设计大赛一等奖；科学做好生涯规划指导，帮助学生树立正确择业观、就业观，为两届毕业生顺利升学、就业保驾护航。

辅导员工作感悟

责任在肩，任重道远。辅导员要始终牢记为党育人、为国育才的初心使命，用情做好心灵播种，用爱沁润学生心田。当学生思想之舟出现偏差，我们是掌舵人，要把稳思想之舵永不偏航；当学生在生活中遇到风雨，我们是撑伞人，撑起一片晴天共渡难关；当学生把迷茫痛苦埋藏心里，我们是倾听者，更是引路人，倾听来自心底的声音，携手走过逐梦的青春。无论扮演哪种角色，辅导员都要将日常工作真正做到学生心坎儿里，引导青年学生坚定理想信念，用心培养社会主义建设者和接班人。

心中有数，管理有度

——基于数据管理思维开展学生工作

潘　刚

一、案例基本情况

随着高校学生的学习、生活、环境和交流方式发生变化，接收的信息爆炸式增长，如何科学地挖掘和分析学生相关的信息，指导学生的教育、管理和服务工作，对辅导员而言既是机遇也是挑战。

如何用数据思维协调学生活动安排？很多学生在大一入学之初，对大学生活充满期待，乐此不疲地参加各种活动，但很快反映出来很多问题：学院学生组织众多，各学生组织举办的活动主要面向的是低年级学生。由于各学生组织独立开展活动，很多活动缺乏前期调研，过于依靠往年经验，各个组织重复举行一些类型的活动，如篮球赛、歌唱比赛等，活动质量不高，低年级学生参与的积极性不强。学院学生活动出现了活动数量庞大、活动重复率高，但参与度差、活动效果不佳等问题。如何有效降低活动频次，提高活动质量，保证活动的效果成为亟待解决的难题。

如何用量化数据说服学生就业？作为煤炭相关专业，煤炭市场的变动全面影响着就业环境，特别是2012年以来，煤炭行业进入高速发展后的艰难时期，煤炭行业发展举步维艰。后"煤炭行业黄金十年"学院采矿工程专业毕业生的就业受到严重影响，很多煤矿企业闭门不招，一个采矿专业学生的录用计划都没有，学生就业面临着极大的压力，很多学生无所适从。加之"90后"学生自行接收的信息较多，服从意识较弱，在就业选择上缺乏主动性。在这种情况下，如何才能更好地推动学生转换思维，保障学生就业面临很大压力。

二、组织实施过程

面对以上两个不同时期的典型问题，我转变管理理念，努力从复杂的信息中挖掘数据信息的价值，用量化管理思维指导学生工作，有针对性地开展工作。

用数据思维协调学生活动安排。为了摸清学生活动的基本情况，我首先对所有学生组织计划开展的活动进行统计和梳理，改变自上而下的活动形式，让学生会各部门充分征询学生对活动的意见和想法，采用合适的活动形式，由有意向申报活动的学生组织撰写活动策划，将各部门的活动计划进行汇总统计。通过统计发现，学院仅学生会就有近10个部门，每个部门负责人都想在自己的工作领域取得成绩，都在想办法组织活动，1个学期仅学生会组织的院内活动就有39场，除去开学和考试周，平均每周要举办3场活动。此外，为了便于开展和组织，以上活动多面向容易组织的低年级学生，面向低年级学生的活动占到了活动总量的70%。考虑到活动主要集中在周末举办，无论是活动组织还是学生参与都存在冲突的情况，导致了人人都要参加、人人都不愿意参加的现象。

为了避免活动冲突，我把所有的学生活动按照内容的不同分为智育类、体育类、文艺类和拓展类4个模块，建立学生活动分类配档表（表1），并用不同颜色标记，利用活动配档表合理安排活动，确保整个学期的学生活动能够合理分布。确定每月各类型的品牌活动，优化资源，提高活动质量，减少和避免同类型活动在同一时期重复举办。此外，力求不同类型的活动能够相继开展，持续提高学生的参与兴趣和能力。同时，充分考虑学校活动等上级活动的时间，预留好校级活动的空档，提前制订活动调整规划和接替规则，确保每学年的活动分布合理、安排得当。

表1　活动配档表示例

第十周				
活动名称	时间	地点	负责部门	类别
演讲比赛（决赛）	周五	待定	学习部	智力类
保护视力，绿色用脑	周六	进宿舍宣传	科联部	拓展类
新生拔河比赛	周六	C区篮球场	体育部	体育类
校红色电影配音大赛	周五	大活二楼	文艺部	文艺类

为了对学生活动的组织效果进行跟踪，将企业管理机制引入学生活动之中，提出学生活动关键考核指标，从学生活动的参与人数、观众人数等方面对学生活动进行考核，将参与人数、宣传报道转发量等数据量化，作为学生活动关键考核指标，不断提高活动的效果和影响力。

用量化数据说服学生就业。针对学生就业工作的推进，考虑到在和学生沟通时如果只强调自己的观点，说服性往往不强，学生固有的想法很难被改变，给予学生的指导也缺乏针对性。因此，在开就业推进会前，我收集了学院近4年的就业数据，提前摸清前几届学生的就业倾向和就业规律。数据显示，采矿专业学生选择煤矿行业的人数自2012年起就呈现下降趋势，2012年选择煤矿行业的学生人数占总人数的67.7%，从2012年之后学生选择煤矿行业的人数开始直线下降，2015年选择煤矿行业的比率降至25.6%，下降幅度巨大。

通过就业推进会等各种渠道，我将获得的分析数据展示给毕业生，让他们认清当前的就业形势，一方面现在煤矿企业招人计划少，一旦进去一定是一个好的机会；另一方面，引导毕业生在就业时跳开固有的专业思维，把就业的触角伸向其他行业。同时，结合数据给学生提出针对性的建议：一方面，不仅要关注煤矿企业，也要关注非煤矿企事业单位。用数据告诉学生，学院的采矿工程专业是被各个行业普遍接受的，在每个行业都有发挥的空间，之前采矿工程专业学生选择的就业单位可以作为参考，帮助增强学生的就业信心。另一方面，利用网上的数据引导学生把握好10月和3月两个就业高峰期，在就业旺季把握机会。鼓励学生走出去，去省会及其他大城市寻找机会。

三、工作成效

通过对学生活动进行量化和分类管理，加强各类活动的品牌建设，打造了体育类的篮球赛、文艺类的毕业生晚会、拓展类的形象素质大赛和学习类的辩论赛4类品牌活动。围绕品牌活动，确定重点活动，布局一般活动，协调活动的时间安排，学院学生活动总量减少了1/3，保证了资源集中利用，实现了对学生活动全方位的准确把握，确保了学院学生活动的高质量、高参与度和高美誉度。

有近几年的就业数据作为支撑，学生更加信服我的就业观点，在数据的压力下，学生的就业主动性明显提高；同时，学院也根据市场数据，以市场需求为指挥棒，进一步拓宽非矿企业的就业渠道，主动引来更多的非矿企业招聘，让学生有更多的就业选择。在煤炭产量较上年同比降低9.4%，煤炭行业极度困难的情况下，学院最终圆满完成了就业任务。就业结果显示，在煤矿相关企业就业的人数仅占学院就业人数的15%的不利局面下，提前根据市场预测合理地引导学生就业起到了很好的效果。

此外，在学生教育管理工作中陆续开展了一系列统计分析，如对学习成绩进行统计，发现学院理工科学生在英语学习中面临的困难最大，英语在理工科学生不及格的科目中占比27%，并以此数据指导低年级学生的学习。通过对全体学生社交软件的使用情况进行调研，发现学生QQ软件的使用覆盖率为99.8%，其次为微信，因此在工作中还是以QQ为主要沟通渠道。这些工作都取得了很好的效果，让学生充分认识到问题，并修正了自己的错误想法，提高了工作效率。

数据思维是新的思维观，进行数据统计分析让我对问题有更直观的了解，能够提炼出有用的趋势信息，更清楚地掌握学生行为及心理上的动向。因此，通过数据挖掘对学生进行教育管理是提高管理质量与水平的有力工具。随着社会的发展，学生工作更加需要应用数据思维，相信数据、理解数据、应用数据，实现科学管理。

作者简介

潘刚，男，汉族，1986年7月出生，中共党员，工学博士，副教授。2012年9月入职山东科技大学资源与环境工程学院从事辅导员工作，现任山东科技大学安全与环境工程学院学生工作办公室主任（团委书记）。打造"有深度的教育，有准度的管理，有温度的服务"三度学生工作法，构建"领才工程"育人新模式，以党团建设为核心，"五育融合"培养拔尖人才。典型做法被《中国教育报》《光明日报》、"学习强国"学习平台等媒体关注和报道。

辅导员工作感悟

始于热爱，忠于职守，辅导员不仅应是那个播种梦想的人，更应是浇灌梦想的人，为了自己的梦想选择奋斗，为了学生的梦想选择奉献。对于未来，我将坚守"有情怀、有情操、有情义"的教育初心，用爱和专业为学生成长成才"引路、带路、铺路"，为学生浇灌出梦想之花！

用心关怀，让"见光过敏"女孩奔向阳光生活

张　娜　王备备

一、案例基本情况

小丁，女，2016级学生，山东东营人，自入学初因患有日光性皮炎皮肤病，需每两周请假回家治疗。大一下学期，小丁开始出现旷课、自习缺勤、夜不归宿等情况。辅导员通过学生干部、舍友及其他同学了解情况得知，小丁已在学校附近租房居住一周，白天时间在校外，晚上为了逃避学校老师检查回宿舍休息，周末借回家治疗之由在校外居住。事发初期，小丁拒不承认在校外租房，并且辱骂舍友，认为同宿舍团支书告密，对团支书威胁、恐吓，并扬言要报复团支书。后经学校老师、家长、班干部等与学生本人进行多次协调沟通，帮助小丁克服了身体、心理、人际交往等方面的问题。

二、组织实施

1. 原因分析

这个案例背后的原因有客观和主观两个方面。主观原因：小丁患有严重的日光性皮炎，导致皮肤经常出现红斑、水肿、水疱等，并且伴随身体灼痛。加之父母工作繁忙，经常需要学生独自往返医院治疗，小丁身体和心理上都遭受着巨大的"折磨"，导致小丁情绪不稳定，出现消极悲观、怨天尤

人的情绪，产生认知偏差，认为班干部和舍友不理解自己，冷落孤立自己。客观原因：① 根据马斯洛需求层次理论，每个个体在社会生活中都有各种各样的需求。学生在成长过程中都渴望得到别人的尊重、认可以及肯定。小丁担心别人知道自己患有日光性皮炎后会用异样的眼光看待自己，害怕自己的"伤疤"被别人看到，颜面尽失，自尊受损。② 刚入校的大学生，社会经验欠缺，掌握的沟通知识和技巧有限，在集体生活中容易产生矛盾冲突。小丁因为身体原因不愿与其他同学交流，遇到问题没有可以倾诉的对象。

从以上分析可以看出，该案例中学生由于身体疾病而产生了心理问题、学业问题、人际交往问题。学生的这种状况对其学习、生活产生了不良影响，辅导员应及时介入，避免学生情况进一步恶化。

2. 解决方案

通过梳理和分析，我认为要想真正解决小丁的问题，必须通过解决思想问题与解决实际问题相结合，联合各方力量"标本兼治"。因此主要采取了以下策略。

（1）俯身倾听，筑牢师生关系。为消除小丁的戒备心理，我运用关注、倾听、同感、尊重、真诚等技巧与其建立了良好的"对话"关系。我主动关注小丁的微信、QQ、微博动态，利用走访宿舍、召开班会、主题活动等契机主动和小丁聊天，进行一对一谈话，及时了解小丁问题的症结所在，了解其诉求。小丁表示去校外居住是因为发病期间全身起满红疹，需要每天间隔一定时间涂药和泡澡，在宿舍担心舍友发现后会"说闲话"，她害怕自己被孤立。针对小丁的心声，我在表示理解的同时提出了不同的建议与看法，对其前期出现的不理智行为、不适当言论提出严肃批评，同时帮助其厘清思路、正视问题、理性沟通，增强其战胜疾病的信心。

（2）精准把脉，提供专业心理疏导。小丁的心理发展尚未完全成熟，由于身体原因以及自我控制能力还不够强，尚未掌握自我调节情绪的方法，缺少必要的心理健康知识与技能。需要向其传授心理调适技能，改变其不合理的认知，加强心理知识储备，同时为小丁宣泄负面情绪、寻找心理咨询提供合适的途径。在征得小丁同意后，我联系心理健康教育负责老师，对其进行了专业咨询、问题评估。同时使用迈尔斯-布里格斯类型指标（Myers-Briggs Type Indicator, MBTI）性格评估理论模型对其进行性格测试，引导小丁对自己的性格特征有正确的认知，正确看待自己和他人的优缺点，提高沟通能力和人际关系处理能力。在专业老师细致耐心的疏导下，小丁的情绪逐渐稳定，并愿意向老师、班干部和舍友道歉。

（3）拓展渠道，寻求家庭教育支持。小丁的在校表现在很大程度上与其家庭环境及教育方式有关。小丁的家庭条件优越，自幼受到父母宠爱，家长均为律师，因工作忙碌加之孩子身体状况不佳，一直觉得对小丁有亏欠，总会"无条件"满足孩子的要求，并不关注小丁的学业成绩和在校表现。而小丁在父母的过多保护与宠爱下有了较强的自尊心，不希望自己刚入校就将"不美好"展现给同学，加之缺乏必要的沟通，所以在问题暴露时，小丁固执地认为有人要故意窥探她的隐私，把所有的原因归咎于舍友和班干部，盲目地进行反击。因此，我主动与小丁的父母取得联系，详细地告诉他们小丁在校的表现及原因，共同探讨改善孩子身体和心理不良状况的方法，建议父母正确看待孩子的问题，给予孩子更多的陪伴，积极陪同孩子就医。

（4）牵线搭桥，搭建学生成长平台。增强受教育者的积极情感体验，有助于形成自尊、自信、乐观、积极、友好等优秀的品格。小丁的情况也与她缺少积极的情感体验有关。为此，我通过帮助小丁查找优点、强化优势，点亮她的校园生活。我让小丁关注自己的优势，尤其是她擅长的钢琴和唱歌，鼓励她在班级活动和学校文艺晚会中上台表演；让小丁关注自己的进步，比如主动参加竞选班级文艺委员，以及和舍友一起去水房打水、在教室里一起讨论高数这些小的成功的体验，促进她积极情绪和情感的形成，从而自信、快乐地生活。

三、工作成效

后期，我与小丁建立了深厚的友谊，不管是开心的还是难过的事情小丁都愿意和我分享；小丁母亲每周会陪小丁去定点医院治疗；同学们会和小丁一起运动，帮她带饭、定点打水，督促她按时吃药，相处融洽。经过长时间的规律调养和医院治疗，小丁的日光性皮炎症状得到控制并逐渐减轻，小丁的心理状态、情绪趋于稳定，学习成绩不断提高，人也越来越开朗，还加入了"吾爱音乐"社团，在展示才能的同时与一群志同道合的朋友研究好玩好听的音乐。小丁说："以前，我的病总是让我把全身裹严实避着阳光，现在，我不仅可以朝向阳光感受温暖，还可以经常用身上的伤疤'吓吓'舍友。"现在小丁已经大四，正在积极地找工作。

这件事情让我获得以下启示。

（1）提升敏锐度。大学生处于心理问题多发的阶段，尤其是学业困难、身患疾病、单亲、贫困家庭的学生，更容易出现问题。辅导员应当密切关注学生的思想动态，建立自己的"情报网"。利用团体辅导、个别谈心等方式，普及心理学知识，建立常态顺畅的信息反馈渠道，提升学生对自身和周围同学心理问题的敏锐度，做到问题早发现、早报告、早治疗。

（2）过程做实。辅导员在日常教育和管理的过程中，要努力做到定期走访学生宿舍，经常与学生谈心谈话，留心观察学生的一言一行，运用新媒体等技术实时掌握学生思想动态。

（3）形成合力。治病必须寻其病根。辅导员要利用业余时间不断"充电"，增强知识储备，对待学生辅之以情、导之以理、"解"学生之困。同时，要通过多种途径，寻求多方力量协助，尤其是家长的支持，最终形成合力，筑牢防线，共同解决问题。

作者简介

张娜，女，汉族，1988年11月出生，中共党员，理学硕士，讲师。2016年9月入职山东科技大学财经学院从事辅导员工作，现任山东科技大学安全与环境工程学院学生工作办公室正科级干部。构建"党建＋科创、服务、实践"特色创新育人模式，实现了党建与学生创新创业、学生成长成才、服务社会发展齐头并进；积极探索优秀学生典型示范的新途径、新方法，构建"个体—团体—集体"三体工作矩阵，激发学生内在潜能。

学生典型事迹被《光明日报》《大众日报》《中国矿业报》等10余家媒体专题报道。

辅导员工作感悟

行者方致远，奋斗路正长。7年的辅导员之路，我与青春手牵手，和梦想常相伴。辅导员，是学生的知心朋友，更是青年的精神导师，学生"一枝一叶"的小事就是我们"时时放心不下"的大事，不让一个学生掉队、让更多学生出彩是我的执着追求。征途漫漫，唯有奋斗。未来我将继续带着情怀与热爱，带着光荣与使命，诠释青春担当、诉说无私奉献、彰显家国情怀，矢志践行"请党放心、强国有我"的青春誓言。

藏族学生住院手术处理工作案例

李天惠

一、案例基本情况

白某，女，西藏拉萨人，我院2018级某专业学生。2019年3月24日，该生由于肚子疼伴发烧被班级同学送到校医务室，经校医院初步诊断，学生曾经做过胆结石微创手术，疼痛剧烈，疑为病情复发。在校医院打过止痛针后，我、班长和她的男朋友一起带她去青岛西海岸新区中心医院做进一步检查。到达医院后，由于患者较多，学生难以及时得到诊断。我将情况汇报给学院领导后，领导与我校校医院院长共同赶赴医院，尽快安排好学生的就诊和住院事宜。经诊断，学生为胆管结石伴急性胰腺炎，需要进行手术。

学生为少数民族学生，我将此情况告知其家长时发现，其家长都是农民，只会说藏语，不会说普通话。而且家长从未出过远门，不会坐飞机，无法到青岛进行陪护。该生还有一个姐姐，在湖北上大学，当时为大四学生，即将毕业，正在西藏备考公务员。姐姐由于参加公考课程培训，无法立刻赶到青岛。经沟通后，姐姐决定4月4日到青岛陪护，进行手术签字。

沟通结束后，我总结了一下面临的几个问题：① 学生当时为大一新生，尚处于外出求学的适应阶段，突然要在离家很远的地方做手术，感觉很害怕，心理压力很大，甚至不太想进行手术；② 其姐由于忙碌，只能在手术时来陪护一段时间，我由于工作原因也不能一直在医院陪护，根据学生的病情，学生可能需要住院3周左右，这期间的日常陪护问题也需要解决；③据学生反馈，家庭目前可以承担医疗费用，但是家庭经济负担较重，经查证，学生入学后被评定为家庭经济困难生，困难等级为特殊困难；④学生为少数民族学生，学校里藏族学生数量不多，加上学生性格较为腼腆，平时与班级同学沟通较少，在学校缺少朋友，在生病时难以感受到朋友的关怀；⑤学生由于文化课基础薄弱，在班里成绩比较落后，此次手术会耽误很多课程，我希望可以想办法尽可能地不让学生落下太多课程，且后期学生恢复后仍需持续关注她的学习问题。

二、组织实施

针对以上几个问题，我决定按照由重到轻、由急到缓的思路，逐步解决。

（1）给学生办好住院手续，安顿好学生住院后，我找主治医生了解了学生的情况和需要注意的问题，确定学生目前无恙后，留她的男朋友暂时在医院陪护，我带班长回学校宿舍为学生取来了日用品和换洗衣物。

（2）返回医院后，跟生病学生沟通，了解学生目前的身体情况，并鼓励她坚强勇敢，积极配合医生治疗。在我的劝导下，学生终于放心在医院治疗，心理压力也有所缓解。我向学生承诺，每天都会到医院陪她，让她有任何问题都及时与我沟通。

（3）与学生所在班级的主要学生干部沟通。将学生基本情况告知学生干部后，与班委共同安排好值班，一天3班，轮流在医院进行陪护。班长和团支书非常负责，考虑到医院伙食较贵，号召陪护同学去陪护之前先吃好饭，并主动承担起为生病同学带饭的任务。学习委员负责将学生情况告知各任课老师，将学生生病期间的请假条带给老师们。

（4）与学生的舍友沟通，引导学生的舍友在学生生病时多鼓励和关心她，让她感受到朋友们的关怀，帮助她克服恐惧心理，渡过难关。学生舍友在了解情况后也自愿加入陪护队伍，并表示会主动与学生沟通，安抚她的情绪。

（5）了解学生的经济状况，向学院反馈学生目前面临的经济压力。学生住院期间，学院领导曾到医院多次看望并带去营养品，学院表示，让学生在医院安心治疗，若有经济问题，及时向学院反馈即可。在学生住院费用没有按时到账的时候，我主动为学生垫付8000多元治疗费用，确保学生能够得到及时救治。

（6）学生住院后，我每日都到医院进行陪护。学生每日与家长沟通，告知具体情况。手术前一天，学生姐姐到达医院，但姐姐也是学生，经验不足，所以手术当天我全程在医院陪同，以防有突发情况发生。手术结束后，学生情况基本稳定，在与家长沟通后获得家长授权处理相关事宜，学生姐姐返回拉萨。学生在康复过程中也由我和班级同学轮流陪护。

（7）学生状况逐步稳定后，学习委员将这期间的学习资料总结好，带给生病学生。各位陪护的同学给学生讲解疑难问题，与生病学生共同学习，尽量弥补学习上的空缺。我与各位任课老师做好沟通，让各位老师在学生返校后对该生的学习多加关注，帮助学生追赶课程进度。

三、工作成效

经过多方面的努力，学生手术后恢复良好，整个住院治疗过程约为3周，按时出院。各方面工作均完成得较好。

（1）患病学生在生理和心理方面都受到了良好的照顾，学生身体恢复情况良好，心情愉悦。

（2）班级班委成员和宿舍同学在紧急关头勇于奉献，不怕苦、不怕累，主动承担起照顾同学的任务，排班井然有序，关心关爱同学，配合积极默契，体现了学生干部的模范带头作用和当代大学生的责任与担当。这次事件不仅是对大家的考验，也加深了同学之间的感情，增强了学生的责任意识。

（3）学生本人及家长多次对学校表示感谢，学生本人更是深受感动，写了一封感谢信给学院，感谢领导、老师和同学的关心与照顾。此次住院经历让学生在无形中接受了感恩教育，学生表示一定会努力学习，不辜负学校的培养，做对社会有用的人。

（4）在同学的帮助下，在我的督促下，在任课老师的指导下，学生的课程基本没有落下，目前学生各门课程都已通过，跟着正常的教学进度进行学习。

此次事件也给我很多工作启示，使我积累了工作经验，事后我也进行了总结反思，总体概括为以下几点。

（1）了解学生的特殊性，有针对性地解决学生的实际问题。学生住院手术本不是非常少见的情况，但这位藏族新生的少数民族身份造成了这次事件的特殊性。学生父母的语言沟通障碍、学生孤身一人面对疾病的心理压力、姐姐的忙碌、朋友的缺少，都为此次事件的解决增添了难度。学生辅导员必须考虑到这些方面，有针对性地解决问题。

（2）考虑问题要全面。处理学生问题时，不能只着眼于目前面对的问题，也要提前想到事情的未来发展。解决该生的住院和康复问题是基础，康复后的学习问题也要提前考虑到，若一直耽误课程，只靠出院后的补习很难让基础本就薄弱的学生跟上进度。

（3）与学生干部做好配合，发挥学生骨干的力量。此次事件的处理过程中，班级主要学生干部发挥了重要作用。学生的潜力往往比我们想象中的还要大，无论是在安排值班还是在医院陪护的过程中，班干部的表现都频频令我感到惊喜与感动。后期沟通时，各位班委也表示在这个过程中收获了很多，在给予同学帮助的同时，自己也有了更强的责任意识，也加深了同学之间的感情，增强了班级的凝聚力。

（4）学生管理工作是一项复杂而艰苦的工作，做好学生工作需要付出大量的时间和精力。作为大学生健康成长的指导者、引路人，辅导员必须根据新形势的需要，根据学生特点，探索辅导员工作的新模式，只有这样才能更好地管理学生，并将学生培养为社会需要的高素质人才。

作者简介

　　李天惠，女，汉族，1992年8月出生，中共党员，文学硕士，讲师。2018年9月入职山东科技大学地球科学与工程学院从事辅导员工作，现任山东科技大学地球科学与工程学院学生工作办公室正科级干部。针对学院维吾尔族、藏族学生较多的情况，建立少数民族学生"三二三"教育管理模式，通过搭建三个平台，开展两种关怀，引导民族学生树立正确的"新三观"。力争将学生培养成思想上有觉悟、学业上能过关、生活上有保障、就业上能实现的合格大学生。

辅导员工作感悟

　　作为新时代的辅导员，我们正身处以习近平同志为核心的党中央高度重视高校辅导员工作的黄金时代，身处全社会深入培育和践行社会主义核心价值观的历史洪流中。我们应当勇当奋斗者，拒做"躺平者"，唯有保持"初生牛犊不怕虎"的锐气，鼓起"扶摇直上九万里"的劲头，不断增强工作能力，坚定职业自信，成为一支充满情怀、战斗力强、热情而进取的队伍，奋力书写为党育人、为国育才的新篇章。

"寓"见党建，"出彩"先锋

——高校党建引领学生公寓建设案例分析*

孙金香　　周静宜

一、案例基本情况

随着高校后勤（物业）社会化发展、学分制改革、学生管理模式改革及以慕课为代表的授课方式不断变革，原来以班级为单位的学习方式和组织形式逐渐发生变化，班级观念趋于淡化，学生社区的育人功能更加凸显。

学生社区作为在校学生学习、生活、交友、活动的基本单元和中心区域，集教育、管理和服务功能于一体，与高校环境共同形成较为完善的学校社区群落系统。然而，目前的社区建设存在着政治建设不足、思想引领薄弱、文化内涵建设不够、活动阵地缺失等问题。

测绘与空间信息学院近年来积极探索依靠党建工作推进学生社区建设，以学生党建为龙头，以学生社区为阵地，以思政教育为手段，通过"广结点、紧拉网"的方式实现育人力量的凝聚与辐射，形成"点深、线长、面广"的学生社区党建"O2O"模式，培育"出彩型"个人和集体。

＊该案例荣获2020年山东省高校辅导员工作优秀案例一等奖。

二、组织实施

（一）深入调研，准确把握问题导向

通过问卷调查、走访考察、田野观察等途径对高校基层党建和学生社区建设开展广泛调研。

调研结果显示，一方面，基层党建在高校受到高度重视，在高校各项事业中处于全面领导地位，高质量党建是目前高校谋求发展的重要目标之一。然而，高校学生党建仍存在着基层党支部建设薄弱、党支部设置多以年级或专业为主、学生党员先锋模范作用发挥不充分、与业务工作的融合不紧密等问题。

另一方面，学生社区作为学生交往最密集、表现最真实、活动时间最长（约占2/3的时间）、思想碰撞最热烈、相互间影响最直接的场所，被称为学生在校期间的"第一社会""第二家庭""第三课堂"，其建设目前亦存在着政治建设不足、思想引领薄弱、文化内涵建设不够、活动阵地缺失等突出问题。

综上，学生党建和学生社区建设之间存在着密切的关系，推进学生党建、引领学生社区建设、在社区开拓党建阵地、发挥学生党员的模范带头作用，可极大地促进学生社区建设的高质量发展，将宿舍打造成为集学生思想教育、师生交流、文化活动、生活服务于一体的教育生活园地。

（二）精准施策，构建学生社区党建"O2O"模式

学生社区主要围绕现实社区（Offline）和网络社区（Online）两个方向建设，现实社区是以宿舍为中心的实体化阵地，网络社区是以新媒体平台为中心的虚拟化阵地，线下线上有机结合、共同推进（Online To Offline），架构起学生党员及其凝聚学生的社区空间。具体措施如下。

1.建立"三纵两横"社区党建管理机制

从工作队伍维度出发，构建了辅导员领队、学生党员带队、学生结队三类队伍的纵向延伸机制。辅导员负责拟订方案、整合资源、搭建平台；学生党员是队伍的中坚力量，负责工作的具体实施，起到联络点、服务站的作用，在做好自身建设的同时凝聚带动其他同学，让周围的学生成群结队加入美好社区中。

从实现路径维度出发，实施线下、线上两种路径相结合的横向覆盖机制。线下在学生公寓中成立党员之家、建设文化墙，开设支部小课堂，挂牌党员宿舍，评选"出彩型"先锋宿舍、先锋党员。线上创建"香香微课堂"微信公众号（该平台被评为优秀学生工作新媒体平台一等奖），以该公众号为主体搭建的"香香微课堂"被认定为校特色党建工作品牌；创办"空中课堂"，组建"云同桌"、分享"云笔记"，缓解了疫情防控期间学生"停课不停学"的困境，被《人民日报》《中国教育报》等相继报道；充分发挥"灯塔-党建在线""学习强国"等网络平台的作用，形成网络社区工作合力，实施"织网工程"。

2. 实施"党·团1+1"联系机制

从组织建设角度出发，构筑"1+1"党支部引领模式。1个学生党支部联系1个团支部，负责指导团支部建设、团员思想引领、公寓文明建设工作。联系团支部的成绩指标计入该学生党支部的年度考核和支部书记述职评议。

从榜样示范角度出发，构筑"1+1"党员领军模式。1名学生党员联系一个学生宿舍，负责该宿舍的安全文明建设、文化建设和宿舍成员的思想引领工作。联系宿舍的安全文明（含卫生成绩、违纪情况）、思想状况计入该学生党员的年度考核、民主评议和评奖评优。

3. 构建"4+X"品牌链发展模式

以打造"领航工程""堡垒工程""先锋工程""织网工程"为代表的品牌为主，将党建育人与社区文化育人融入思想引领、学风建设、公寓安全文明、就业创业等工作全过程，多方位提升品牌影响力，形成品牌链。

4. 探索基于"双向融合"模型的育人机理

设计学生党员作用发挥指标体系，建立评估社区党建工作效果的热力图模型。从内外两个方向进行热量辐射源考察，当党员作为内部发热源时，发挥骨干队伍的辐射带动力，增强凝聚力；当普通同学作为外部发热源时，组织和吸引广大青年学生主动参与到党建和思政教育工作中，增强向心力。

（三）动态优化，谋求工作最大实效

定期评估学生社区建设的各项指标，对于超标完成的予以表彰、达标的予以肯定、不达标的予以批评督进；深入剖析各项指标反映的问题、内在关系、存在的原因，寻求有效对策并及时跟进解决，不断取得新的工作成效。

三、工作成效

1. 学生党员积极性、自主性显著提高

该案例将学生党员引入工作队伍，赋予其主体地位，充分体现了引导学生自我教育、自我管理、自我服务的理念，激发了学生党员的积极性、主动性。从思想水平、公寓卫生、违纪情况、学习成绩、科技获奖等方面来看，学生党员普遍优于其他学生。

2. 学生党员榜样示范作用效果明显

该案例将党支部和团支部联系起来，将学生党员与学生宿舍联系起来，提高了优秀组织和个人的示范引领作用，增强了普通学生向榜样看齐的热情和动力。

3. 公寓文明建设成果显著

从各项指标数据来看，学院公寓文明建设得到提升，单就卫生成绩来看，本学期学院总成绩比上学期约高10分（百分制），大一、大二、大三3个年级的成绩均高于90分，最高分为94分，全A宿舍数量逐渐增多，宿舍面貌和学生精神面貌焕然一新。

4. 辅导员工作能力得到加强

在案例的解决过程中，综合运用了学生党建、网络思政、榜样示范等多种工作方法和多方面的知识，不仅使理论所学得以在实践中运用，而且在实践中有了更多的感悟和理解，个人工作能力也得到了一定的提高。

作者简介

孙金香，女，汉族，1982年12月出生，中共党员，理学博士，副教授，国家三级心理咨询师。2010年7月入职山东科技大学测绘与空间信息学院从事辅导员工作，现任山东科技大学测绘与空间信息学院学生工作办公室正科级干部。创新思想引领，运营"香香微课堂"微信公众号，发表原创文章十余万字。创建"青子葵"读书班、"空中课堂"，打造"最美笔记"。创新"实践+"育人模式，开展"红色文化传承"实践创新活动，2个团队获评国家重点社会实践团。负责首批学生工作创新团队支持计划建设、主持校级辅导员工作室，积极探索学生公寓党建新模式。

辅导员工作感悟

哲学家雅尔贝斯曾说，教育的本质是"一棵树摇动另一棵树，一朵云追逐另一朵云，一个灵魂唤醒另一个灵魂"。高校辅导员是青年学生的掌灯人、撑船人，为学生拨开思想中的"迷雾"、避开道德中的"沼泽"，陪伴学生成长，引导学生成才。这份使命是神圣的，但不是阳春白雪，它既光荣又艰巨，也会遇到困难和挫折。然而，使命担当可抵岁月漫长。于我而言，成为辅导员，不因热爱而选择，却因选择而热爱。

"小事做大，化危为机"

——巧借助学金评审做好专升本班级管理工作

王衍国

一、案例基本情况

某班（普通专升本）新生共49人，其中8人为我校专科毕业（含案例中"甲某"，简称"校内升本"），其余41人则来自省内其他高校（含案例中"乙某"，简称"校外升本"）。班长甲某是家庭经济困难生，困难等级为特殊困难，国家助学金评议中拟评定三档助学金。公示期内，乙某发匿名短信，内容如下："辅导员大人，肩背苹果电脑，手持苹果手机，利用校内资源和班长权威干扰评议、谋取私利，这种人也能获得4300元助学金的话，试问公平何在？公理何存？我等实在要高看一眼贵校优秀专科生，实在要高看一眼贵校助学金评议之风。何去何从？41名校外升本学生拭目以待！落款：一介草民。"

表面上看，这无非是单纯的国家奖助学金评议问题，实则暗流涌动，剑指专升本班级管理中的公平、公正等问题。即如何摘掉"校外升本"学生先入为主、厚此薄彼的"有色眼镜"；如何帮助"校外升本"学生尽快融入、"校内、外升本"学生尽快融合；如何涵养专升本班级文化、培养良好班风等问题。

二、组织实施

根据山东省招生考试院公布的数据，2020年专升本共78个专业，计划招生21050人，涉及省内41所高校（占总数的1/3以上）。另外，专升本新生班级中普遍存在"两重·两轻·一有别"现象（即专升本同学大多过分注重个人学习成绩、偏重个人所得利益；轻集体观念、轻同学感情；潜意识中认为辅导员工作存在厚此薄彼、"内外有别"的行为）。鉴于以上两点，本案例的特殊性、典型性和重要性不言而喻，山东省作为生源大省，更突显出其推广、复制和借鉴的现实意义。

经分析判断，此案例需要解决三个核心问题：其一，甲某的"高消费"行为，是否符合家庭经济困难的认定条件。其二，甲某是否存在左右评议、假公营私的问题。其三，匿名"举报"势必事出有因，务必深挖根源找到导火索和引爆点，树立优良班风、学风和工作作风。根据近20年的辅导员工作经验，特别是连续8年带专科和专升本班级的经历，我采取了"稳定事态、澄清事实、探究事由、巩固事效"四步工作法处理这一典型案例。

1. 稳定事态，用责任担当回复短信安抚乙某

案例中"举报短信"的发送时间为下午6：30左右，我当时正在家中吃晚饭。为了稳定乙某情绪、避免事态进一步升级（如越级反映、自媒体扩散和校外媒体介入等），接到短信后我立即放下碗筷，编辑短信予以回复。内容如下："信息已读，透过字里行间能感受到你对班级工作的关注和对我的信任，这表明你集体荣誉感强，有爱憎分明的品质。所反映的问题，我定将尽快核实，查明事实后第一时间予以反馈，请相信我能够给你和你们一个满意的答复。"

2. 澄清事实，用信息对称消除误解宣泄情绪

工作不过夜、当日事当日毕是学生日常管理工作的惯例。给乙某回复完短信后，当晚7：00我准时到达新生晚自习室，并立即召集该班11名申请助学金的学生进行专题谈话，重点解决因信息不对称而引起误解和打通相关学生心理宣泄渠道两个问题（根据经验判断，乙某大概率上就是其中一员，对评议结果不满意）。首先，在征得当事人同意后将有关信息集体澄清（一是甲某在我校专科就读期间家庭经济情况尚可，半年前其父亲突发脑中风，住院

期间手术等花费10余万元，且至今尚未痊愈，仍需药物治疗。甲某符合我校《关于开展2019—2020学年家庭经济困难学生认定工作的通知》中第三条第七款的规定，因家庭成员患重大疾病而被认定为特殊困难。二是甲某拥有的电脑、手机是其专科期间为了学习需要购买，并且均是二手物品，有票据可查，不属于生活奢侈浪费）。之后，我采取单独谈话，对除甲某之外的10名申请者逐一进行了交流，了解每名学生对甲某获评三档助学金的真实态度和个人对评议结果是否能够接收、有何意见等。

经了解，甲某日常生活中有时确实重面子、爱显摆，给个别学生留下了不勤俭节约的印象，同时和全体学生，特别是"校外升本"学生，深入交流的局面尚未打开。

3. 探究事由，用还原评议加强学生干部培养

接着，我又召集了班级评议小组全体成员会议，同样采取逐一单独谈话的方式，还原相关工作流程，重点核实奖助学金评议期间，甲某是否存在利用班长一职干扰评议过程、左右评议结果和有失公平等情况。同时，重申工作纪律、强化工作指导、提升学生干部工作能力。经审核，没有确凿证据表明甲某存在以权谋私等行为。同时了解到，甲某在班级工作中存在花架子多、实招少等缺点。

完成以上工作已是晚上10：30，我再次拿起手机编辑了一条短信发给乙某，内容如下："根据你反映的情况，我已先后召集你班20余名相关学生进行了摸排和调查，鉴于时间已晚且短信交流信息量有限，我已通知你班明天召开班会进行现场反馈。若还有其他问题，期待你和同学们能够开诚布公地到办公室与我当面交流，晚安！"

4. 巩固事效，"化危为机"

第二天上午，我约班长甲某见面，引导其认识到因为信息不对称而产生疑问的合理性。同时明确指出，虽然同学的"举报短信"并不属实，但事出必有因，打铁必须自身硬！要深刻反思、查找问题源头，今后应多站在"校外升本"同学的角度开展工作，杜绝类似事件发生，在关键时刻、现实利益面前经受住考验。下午，我如期召开了甲某所在班级的主题班会。主要议题为反馈、重申和教育三个方面。其一，反馈有关事情经过和调查结果，明确甲某符合国家助学金评比条件，班级评议小组工作程序严谨得当。其二，重

申班干部在各类评优评奖中务必严把入围条件、严格评议程序，工作中主动接受同学监督，让"权利运行在阳光之下"。其三，教育学生看问题要实事求是、就事论事，不通过预设解读事件。引导"校外升本"学生尽快适应新环境，通过此事消除顾虑、摘掉内外有别的"有色眼镜"，在老师的带领下早日跳出"两重·两轻·一有别"的旧藩篱，培养班风优、学风好、作风良的班集体。

三、工作成效

1. "化危为机"，树立威信

后经事实证明，事态得以有效控制，乙某等人没有再提出其他异议。案例中以乙某为代表的"校外升本"学生的猜测不成立，带"有色眼镜看问题"不客观。作为辅导员，工作中要善于抓住这一时机，变被动为主动，在"剧情反转"时"化危为机"。正是此案例的成功破解，无形中提升和巩固了辅导员自身的工作威信和人格魅力，加快了"校外升本"学生对新环境和管理模式的认同，促进了师生的交流、信任和融合。

2. "内外有别"，班风建设中不落窠臼

针对专升本班级特有的跨校组合、年龄偏大、学制较短等现实情况，辅导员要在新生入校之初，及时对新生进行适应性教育。要提前对"校内升本"学生约法三章，变"优越感"为"责任感"，奖助评优等工作中同等条件下适当高标准、严要求。对待"校外升本"学生要平等尊重，遇事不回避、不积压。在班级工作中把问题放在桌面上，力求学生心理顺畅、上下贯通，坚持不懈地营造清澈明朗的良好班风和积极健康的班级文化。

3. "防患未然"，班级管理中淬炼提升

辅导员在日常工作中要加强哲学、教育学和心理学等知识的学习，努力将经验上升为理论，用理论指导具体实践，特别是在开展一些常规、有预见性的工作时，要站在学生的角度，把握规律、主动作为。同时，要学会充分利用互联网、自媒体和大数据等技术，既要"面对面"，也要"键对键"和"屏对屏"，把思想政治教育之"盐"同时融入"线下"和"线上"工作之中，润物无声、防患未然，把问题解决在萌芽状态，避免或减少此类事件发生。

作者简介

王衍国，男，汉族，1978年9月出生，中共党员，硕士，讲师三级，国家三级心理咨询师。2003年7月入职山东科技大学工程学院从事辅导员工作，现任山东科技大学财经学院学生工作办公室主任、团委书记、学生第一党支部书记。班级管理中，按照"三分一全"（分段、分类、分层次、全程跟进）的理念，基于不同年级和年龄阶段学生的各自特点和不同需求做好班级工作。第二课堂中，按照"基础+系列化实践育人平台"模式，努力构建多元化实践育人模式，提升学生综合素质和实践创新能力。

辅导员工作感悟

2003年毕业留校后一直在学生工作第一线，带过60多个班级近3000名学生。从癸未到癸卯，20多年的学生教育、管理、服务中，秉承爱岗、敬业、勤勉、奉献的精神，辛勤耕耘。用爱心和责任悉心帮助温暖着学生；用朴素的语言、细致的工作、扎实的作风、无私的奉献帮助、影响、改变着学生。在这个平凡而伟大的岗位上，始终坚持所愿、执着所爱。今后将牢记为党育人、为国育才的初心使命，树立"躬耕教坛、强国有我"的志向和抱负，不负韶华，砥砺前行。

警惕宿舍矛盾问题中的"黑羊效应"

霍梦茹　续琳琳

一、案例基本情况

小美，女，大二学生，比较擅长一些文体类活动项目。曾因宿舍有矛盾来询问我能否调换宿舍。经过谈心谈话、侧面了解，发现小美宿舍成员之间没有严重的矛盾。据该同学陈述，宿舍的矛盾主要集中在小美舍友有时在休息时间打电话，同时对她积极参加一些文体活动冷嘲热讽等方面。后经过谈话，小美说试着和舍友再相处一段时间，毕竟也马上进入考试周了，此时调整宿舍也会加重她的负担，她也想试试能否与舍友再好好沟通一下。本学期开学后，我第二次找该同学进行了谈话，谈话过程中，我发现该同学与舍友相处的问题并没有完全解决，她依旧处于相对孤立的状态，压力较大，也尝试过与舍友沟通，但都没有效果。

小美说，其实舍友人都挺好，她们之间并没有特别大的矛盾，可能她平时喜欢在宿舍有一个自己的空间，而舍友的性格可能比较活泼，相处久了就出现了作息时间、相处模式无法协调一致的情况。谈话过程中，小美哭了，她说自己觉得可以再忍忍，她还是很珍惜和舍友的缘分的。

与小美沟通完后，一次借着小美舍友小君来交表格的机会，我跟小君（该同学有过在休息时间打电话的情况）进行了谈话，聊到了小君的成绩以及她积极入党、成为入党积极分子的事情。我主动说道："看你在群团推优这方面挺好的，肯定和舍友相处得也不错吧。"小君犹豫了一下，主动谈到了她们宿舍的一些情况。她说除小美之外，其他舍友大都来自农村，比较能聊到一块儿。小君还谈到，小美经常参加文体活动，爱打扮，回到宿舍也不大爱说话，觉得小美不太好相处，甚至觉得小美有些瞧不起她们。于是，慢慢地，不再主动和小美沟通了。她还说道："我有的时候打电话影响到小美了，认识到自己的错误的同时，也不大喜欢和小美接触了。"

本案例本质上属于学生日常事务管理中的宿舍矛盾问题，兼有心理健康教育与咨询方面的内容，需要利用心理学的一些知识帮助学生走出误区，收获良好的学习、生活环境。

二、组织实施过程

1. 谈心谈话要深入

在与小美第一次谈话的过程中，我与小美谈话的焦点主要集中在她与舍友实际的矛盾有哪些。开始时，直接解决这些问题是我首先思考的问题。而在第二次谈话的过程中，学生认为老师再次找她，是关心她的表现，沟通的时候更愿意敞开心扉，聊得更加深入。小美不仅谈了宿舍的情况，还主动说起了学习、未来的就业方向等问题。

同时，在与小君等人的沟通中，我意识到了一个问题：小美的宿舍虽然存在矛盾，但是这个宿舍的学生其实都挺质朴的，每个人都没有故意孤立某个同学的想法，只是认为其他同学不太认可自己，自己主动建起了矛盾"隔阂墙"。在没有人主动打破的情况下，墙越垒越高。

多次谈话也收到了一定的效果。小美和舍友渐渐开始沟通了，小美主动说了自己性格存在的一些问题，舍友了解到小美是个什么样的人后，也主动跟小美说了她们的想法。特别是小君，她主动向小美道歉，说自己本身嗓门就比较大，宿舍的其他同学也说过这个问题，她以后会多加注意，希望宿舍里的同学都能够好好相处。

小美主动找到我说，她暂时不调宿舍了，先与舍友相处一段时间看看，彼此再多交流交流。进入大二，她其实已经把主要精力放到学习上了，不会再有那么多的文体活动排练，会有更多的机会和舍友相处，舍友就能更加了解她了。她相信会好起来的。

2. 沟通过程多思考

在思考这个学生宿舍的问题时，我想起了在心理学书上看到的"黑羊效应"。黑羊效应在心理学中通常是指一群好人欺负一个好人，而其他人坐视不管的现象。具体是这样描述的：当一个人处于群体之中时，他的个体意识就会被群体意识取而代之。他的思考和判断力也会受到群体意识的影响，会让人丧失理智，从而在群体意识下做出让自己意想不到的事情。陈俊钦在《黑羊效应》一书中对"黑羊效应"的群体现象进行了总结，他说："涉及的群体意识现象普遍而有趣，人有时会觉得：

——为什么你常常会感觉到在和空气打架；

——为什么一群好人会欺负一个好人；

——为什么你什么也没有做就受到别人的攻击；

——为什么打架都会争着做'好人'；

——为什么人都不愿意去面对内心的'阴影'；

——为什么越多人坚持的观点越有可能是错的。"

这些现象其实都是黑羊效应的一些群体表现，其实黑羊效应在校园中并不少见，很多校园霸凌就是黑羊效应的体现。在微信公众号中曾看到过这样一个案例：

一个女生生病只能躺着休息，而她的舍友此前就排挤她，现在更没人会关心她。她想喝水只能自己去打，但因为浑身没力气，摔倒在地上，跌破膝盖，手也烫伤了。

这个案例已经发展到校园霸凌的程度了，校园霸凌其实并不只是殴打、言语的辱骂，最摧残人的往往是冷漠相待、冷暴力等。而小美被迫成为羊群中的黑羊，能起到带头作用的小君带着舍友成了宿舍中的"白羊"和"加害者"。

宿舍矛盾问题在大学生中算是比较常见的一种问题，学生面对宿舍矛盾问题时通常有以下几种处理方式：① 自己忍耐；② 申请从宿舍搬出去，校外租房；③ 找辅导员沟通能否调换宿舍。

大多数的学生选择了方案①，少部分的学生选择方案②，很少的学生会主动和辅导员沟通。这些学生选择方案③时，大多都忍耐过一段时间，等到自己实在没办法了，才鼓起勇气来找辅导员。这个时候，辅导员往往会简单地认为是单纯的宿舍矛盾问题，朝着解决"小"矛盾的方向去处理。其实，这样只是看到了表面，没有真正地触及事情的本质。

小美第一次找我谈话时，还没有把很多的真实情况告诉我，只谈到是否能够帮助她调宿舍，很多真实的问题并没有暴露出来。而第二次我主动联系她时，她会觉得老师很关心我，会更多地谈及内心深处的真实想法。我也说出"你看，你如果多跟舍友沟通就能够好好相处""成为舍友是很有缘分的，就这样调了宿舍，你们以后可能连普通同学的关系都很难维系了"等劝解的话。但大多数情况只是治标不治本，反而将学生推开了。

这学期与小美的舍友也进行了谈话，触及了一些深层次的问题，而小美、小君以及这个宿舍的其他同学都没有意识到这些问题。当把这些问题给她们分析透，她们就会意识到这个问题，不再逃避，再相处、沟通就会容易很多。

三、工作成效

1. 宿舍关系改善

这个周我又找小美谈了一次，她告诉我宿舍的环境不再那么压抑了，大家放下成见，她也参与大家的聊天，她们宿舍成员的成绩都还不错，这学期也相约一起进步，有个同学还主动向她请教问题，让她很意外也很惊喜。这学期我在处理小美宿舍的问题时，更多的是引导她们去思考，考虑自己和舍友都遇到了哪些问题，让宿舍关系变得僵化。她们意识到各自的问题之后，才能逐步化解矛盾，宿舍关系才会变得融洽。

2. 案例启示

学生的事无小事。在日常工作中，当学生出现问题来求助时，需要严肃对待，把具体情况了解清楚，一次不行，就多次沟通，全面了解事情的本质和矛盾点，从而真正处理好学生遇到的实际问题，解决他们内心的困惑。而关于宿舍问题，绝大多数学生都曾经遇到过或正在经历着，有些矛盾在大家的互相包容下解决了，有的问题可能还继续存在着。辅导员应该建立起与学生沟通的桥梁，建立起畅通的问题反馈渠道，在学生需要帮助时，审慎对待，真正成为情系学生成长的良师益友。

作者简介

霍梦茹，女，汉族，1993年6月出生，中共党员，文学硕士，讲师。2019年8月入职山东科技大学经济管理学院从事辅导员工作，现任山东科技大学经济管理学院学生工作办公室副科级干部。建立学生彩虹成长档案，根据学生个人成长发展，做好生涯规划和指导。负责学院新闻宣传工作，曾连续两年获"山东科技大学新闻宣传先进个人"称号，撰写各类通讯、报道800余篇，其中34篇发表在《中国青年报》、新华网、《中国教育报》等多家主流媒体上。积极参与科创育人工作，创新工作模式，曾作为指导老师指导学生获得全国高校商业精英挑战赛、"蓝桥杯"全国软件和信息技术专业人才大赛等国家级省级赛事奖项。

辅导员工作感悟

坚守初心，踽步踏歌。作为一名辅导员，我们的价值体现在用爱连接育人梦和学生的成才梦，体现在将青年个人理想书写在与家国情怀的同频共振之中。我们要努力给予学生学习生活上的"辅"助、成长发展上的指"导"，并且融入青年群体、成为年轻人的一"员"。为青年护航的日日夜夜，也与每一位大学生一同成长；学生的喜爱与信赖，汇聚成激励我们继续坚定前行的力量。未来，我们定会继续坚守在这条爱护学生的道路上，勇挑起学生成长成才路上的"千斤担"，筑牢思想政治教育工作的"篱笆墙"，为培养担当民族复兴大任的时代新人贡献力量！

"领才书院"一站式社区探索与实践

郭 熙

安全与环境工程学院"领才书院"一站式社区建设是基于教育部"一站式"学生社区综合管理模式建设试点的思考，依托学院领才工程人才培养计划，将思想政治教育触角延伸到公寓的一种管理服务实践创新模式。学院成立后深刻把握教育评价改革的要求，深化思想政治工作质量提升，深入推进"三全育人"，落实立德树人根本任务，打造领志工作室、领心活动室、领智研习室、领行服务室四位一体的"领才书院"一站式社区，深刻把握学生思想政治教育的力度、广度和效度。社区自建设实施以来，取得了良好的教育实效，得到了团省委等各级领导的高度评价。

一、工作目标与思路

"领才书院"一站式社区建设旨在构建内容完善、运行科学、协调高效、保障有力，具有时代特征和学院特色的思想政治教育体系。

学院围绕培养什么人、怎样培养人、为谁培养人这一根本问题，把促进学生成长成才作为工作的出发点和落脚点，坚持正确方向，坚持遵循规律，坚持协同配合，坚持常态开展，全面实施"领才工程"，深入推进"领才书院"一站式社区建设，构建"从学涯到生涯，从专业到行业，从成长到成才"全员、全过程、全方位育人体系，强化"崇德、慧智、慕美、尚体、颂劳"教育，凝练"三个有情"教育特色，培养有情怀、有情操、有情义的德智体美劳全面发展的社会主义建设者和接班人。

二、工作方法及过程

构建组织建设、队伍建设、制度建设、平台建设一体化的"领才书院"一站式社区，依托领志计划、领心计划、领智计划、领行计划打造领志工作室、领心活动室、领智研习室、领行服务室四位一体的"领才书院"一站式社区，将思想政治教育渗透在学生学习、生活的方方面面，搭建集教育—管理—服务功能于一体的一站式社区服务平台，开辟和占领学生思想政治教育的新阵地。

（一）一站式社区组织建设

学院成立主要负责人领导的"领才书院"一站式社区，协调指导"领才书院"一站式社区的建设与发展，指导各党团支部开展工作；根据当前学生特点，结合学生专业、年级特点设立学生团支部、党支部、党员先锋岗，形成学生公寓党建工作部、学生党支部、党员先锋岗三级联动体系，通过学生实施自我教育，提高自我管理能力，增强党支部的凝聚力，协助辅导员进一步开展深入细致的思想政治工作，将一站式社区打造成学生的政治核心和生活中心，切实将思想政治教育的触角延伸到公寓。

（二）一站式社区队伍建设

建设思想政治觉悟高、具有高度事业心和责任感的"领才书院"一站式社区工作队伍，"领才书院"一站式社区的队伍由专职辅导员、学生党员和优秀学生组成，坚持党建引领、协同管理、队伍进驻，引导党团干部深入公寓开展思想教育和管理实践。

充分发挥党员的先锋模范作用，树立创先争优榜样，学生党支部通过党员先锋岗、学习先锋岗、生活先锋岗等各类先锋岗，服务广大学生，努力做到率先带头，典型示范。依托"领才工程"，培育各类先进典型，成立科技创新小组，组织开展"领志榜样""领心模范""领智标兵""领行模范"评比活动，引导学生向先进典型学习，激励学生积极进取、共同进步。

（三）一站式社区制度建设

建立和完善"领才书院"一站式社区工作制度，充分调动团员、入党积极分子和学生党员的工作积极性，提升一站式社区思政育人的工作水平，加强工作的制度化和规范化建设。

制定"领才书院"一站式社区工作职责表，组织开展垃圾分类积分兑换自助打印、图书漂流等一系列贴近学生日常生活的服务，做到服务下沉、文化浸润、学生自主管理，提高思想政治工作的时效性。制定一站式社区学习制度、值班制度等规章制度，充分调动广大学生党员的先锋模范带头作用，要求学生党员、入党积极分子参与项目建设活动，提升个人能力，带动普通学生进步。制定领志工作室使用条例、领心活动室管理制度等规章，优化学生在校期间的成才环境，为工程实施提供保障。

（四）一站式社区平台建设

充分利用学生公寓的特点，开辟一站式社区活动平台，以大学生全面发展为目标，打造领志工作室、领心活动室、领智研习室、领行服务室四位一体平台，培育大学生的文化素养和专业技能，对学生专业技能以及科技、文化、体育等各方面素质进行指导。

1. 依托"领志计划"，打造领志工作室，以"安达天下，环系山水"为理念引领学生志存高远、有情怀

立德树人、崇德养志，教育引导学生坚定理想信念，把准政治方向，自觉培育和践行社会主义核心价值观，切实提高思想政治素质，结合学院安全和环境专业特点，培养学生大爱精神，努力做志存高远、有情怀的安全学子。

每月开展一期"崇德讲堂"。加强理想信念教育，通过培训报告、主题团日等活动形式，邀请一批先进人物进校园，以理想信念、思想道德、国家安全、生态文明等为主要内容，分系列进行主题宣讲，促进学生崇德向善，引领学生明心立志、敢于担当，不断提高社会责任感和历史使命感。每学期组织一次"明理讲演会"。充分发挥学生的主体性，建立一支素质过硬的讲演队伍，将活动的主导权交给学生，以"安达天下，环系山水"为主题，组织学生团体通过演绎展示、情景剧表演等方式，把先进典型事迹和品质形象化、具体化，充分展示思想力量。每年举办一次"力行活动月"。坚持以"实践转化、提升素质"为目标，以行践言，引导学生主动对标先进人物，将先进人物身上体现的宝贵精神转化为奋勇争先的实际行动，在学榜样、做榜样的过程中强化自我教育、自我管理、自我服务、自我监督，将高尚情怀融入日常学习生活。

2. 依托"领心计划"，打造领心活动室，营造艺术氛围，提高学生人文素养和综合素质

尚体善艺、慕美养心，开展美育、体育实践活动，引导学生学习文体技能，为学生接受审美教育营造良好氛围。

每学期组织一次"尚体打卡活动"。通过线上线下多种途径相结合的方式，积极推进学院全员健身，通过"30天打卡"活动帮助学生养成健身的好习惯。引导学生参与一项以上体育运动，增强学生身体素质，提高学生的合作能力。每名学生应参与一次"慕美演讲会"。积极开展美育实践活动，开展文体知识我来讲活动，每年组织一次演讲会，让学生走上演讲台，鼓励人人参与，激发学生学习文体技能的兴趣，提高学生美学素养，锻炼学生的演讲能力。每年举办一次"领心文体节"。每学年上下学期分别组织领心文艺节、体育节，开展越野赛、趣味运动会、排球赛、篮球赛、乒乓球赛等各类体育活动，营造生动的校园体育文化氛围；挖掘音乐、舞蹈、美术等方面的人才，组织内容丰富、形式多样的校园文化展演活动，培育学院浓厚的艺术氛围，为学生接受审美教育营造良好的环境，提高学生的人文素养和综合素质。

3. 依托"领智计划"，打造领智研习室，以"严谨专业，开放全面"为目标，培养学生知行合一、有情操

慧智乐学，加强专业素养教育，营造踏实向上、严谨务实的良好学风，引导学生提高专业水平和科技创新素养。

每学期组织一次"专业素养教育"。加强学生专业素养教育，组织专业课老师、辅导员、班主任、优秀校友每学期开展一次专业教育，引导学生形成良好学风。加强学习方式与方法的指导，引导学生不懈学习、掌握学习技巧；加强专业系列知识学习，引导学生做好职业生涯规划；做好实践教学指导，提升专业实践能力；关注学习困难学生，充分发挥指导帮助作用，建立"一帮一""高年级带低年级"的长效互助机制。每月开展一期"慧智培训会"。每月举办专业素养培训班和科创宣讲交流培训会，邀请相关专家和优秀学生，从软件学习、作品打磨、答辩技巧等多角度开展讲座培训、交流沙龙等活动；利用新媒体平台，定期推送保研、考研、科技创新等方面的内容，梳理比赛参与流程与技巧，让学生在课余时间实现口袋式、碎片化学习。每年举办一次"领智科创双选会"。增强学生科技创新意识，提高学生比赛参与率，每年举办一次学院科技创新项目双选会，结合"全人教育"导师制，鼓励教师优化组合所带学生，组建科技创新团队，提升学生专业素养。力争每个学生每年至少参与一项C类及以上竞赛，毕业时至少主持过一项专业知识或科技创新比赛，获得过一项学术成果或竞赛奖励。

4. 依托"领行计划"，打造领行服务室，以"一事一生，一师一生"为愿景，培养学生温良感恩、有情义

颂劳感恩，服务社会，学院重视感恩教育内涵的挖掘，引导学院学生识恩、知恩、感恩、报恩、施恩，实施滴水行动，多载体、多渠道开展感恩教育；推进涌泉行动，拓展感恩教育的空间和维度，引导学生将内心的感恩之情落实为具体行动，让学生树立感恩社会、践行责任的人生态度。

每名学生参加一次"滴水教育"。分层次组织有特色的主题教育活动，做到常规教育与节日教育相结合，利用雷锋月、父亲节、母亲节等节日开展特色教育活动；推动劳动教育、感恩教育生活化、常态化，结合新生入学教育、困难专项帮扶、考研出征仪式、毕业生纪念品定制等活动为学生办实事，让学生在日常小事中接受心灵的洗涤与进化，学会感恩。每月组织一次"涌泉活动"。全方位指导学生在学校做好校务劳动、社会公益劳动，每个班团组织对接一个社区，每月开展高频短时的义务家教、志愿献血、爱心募捐、绿色环保、助残行动等丰富多样的劳动实践和志愿服务活动；依托特色鲜明的专业实践团队、志愿服务团队，承接大型志愿服务活动，将"德"与"行"相统一，塑造学生热爱劳动、乐于奉献的精神、品质。每年组织一次"领行活动月"。将每年5月定为"安全学院感恩活动月"，开展毕业生感恩母校微行动；以"临行之际我能为学校做什么"为主题，发出离校倡议，引导学生报答母校培育之恩，临行之前留下一份爱心、一份清洁、一份文明。

三、工作成效及影响

"领才书院"一站式社区建设主动开辟和牢牢占领高校学生思想政治教育工作的新阵地，是高校思想政治教育的创新性探索，增强了思想政治教育的影响力、渗透力和感染力。

（一）打造了工作阵地，增强了思想政治教育的影响力

打造了领志工作室、领心活动室、领智研习室、领行服务室四位一体的"领才书院"一站式社区，社区总面积约100平方米，不同阵地的使用率平均可达60次/学期，拓展了学生活动场所、丰富了学生活动内容、优化了学生活动阵地，增强了思想政治教育的影响力。

（二）优化了成才环境，提高了思想政治教育的渗透力

"领才书院"一站式社区形成了全天候、全方位的理想教育、管理服务和素质培养模式，拓展了学生思想政治教育工作的阵地，优化了学生在校期间的成长环境。一站式社区成立至今，已开展"四史"思政大课、"请党放心，强国有我"等主题教育活动30余次，切实提高了思想政治教育的渗透力。

（三）激发了领先意识，增强了思想政治教育的感染力

"领才书院"一站式社区管理理念符合学生自我管理、自我教育、自我服务的时代要求，依托领智计划等培养出一批领志榜样、领心模范、领智标兵、领行先锋，如齐鲁最美青年、中国大学生自强之星、"挑战杯"全国一等奖，增强了思想政治教育的感染力。

"领才书院"一站式社区探索建设拓展了思想政治教育阵地，增强了思想政治教育工作的实效，具有典型的示范导向和辐射带动作用。

作者简介

郭熙，女，汉族，1987年10月出生，中共党员，硕士，讲师。2018年3月入职山东科技大学矿业与安全工程学院从事辅导员工作，现任山东科技大学安全与环境工程学院学生工作办公室正科级干部。将基层党建与教书育人工作在学生社区进行深度融合，创设场景，充分发挥导师、辅导员和党员的引领力、守护力和带动力，推进立德树人与生活实际、实践相结合，在价值引领生活化、素质养成场景化中做到同场域、同频率、同成长。

辅导员工作感悟

作为一名辅导员，我们要不忘初心、倾情投入，切实帮助学生解决思想上的困惑、学习上的问题、生活上的烦忧，给学生春风化雨般的指引和雪中送炭般的温暖鼓励，以细致入微的付出、潜心育人的创新，在立德树人的道路上，成为学生心灵的导航者和实现梦想的助力者。

挖掘公寓育人潜力，促进学生全面发展

段雪萍 刘 辉 谢菲菲 盖 康

一、案例基本情况

"老师，这是第10周校检成绩公示表，请查收""老师，某某宿舍又被纪检通报了"……从2020年9月接管学院学生公寓工作以来，几乎每周同一时间我都会收到学生会学督部负责人发给我的校检成绩公示表，表中不仅有学院综合排名，也有具体宿舍的排名。收到成绩表后，我会第一时间查看各宿舍的成绩，经过分析，我发现被学校通报批评的宿舍较为集中，大部分为男生宿舍，且个别宿舍总是在较差宿舍一栏榜上有名，这引起了我的高度重视。原本我认为只要把成绩公示，学生自然会主动改正。但校级排名屡次下滑、不断被通报，让我对如何做好学院公寓工作、充分挖掘和发挥公寓育人功能有了更加深入的思考。

二、案例分析

习近平总书记在全国高校思想政治工作会议中强调，"高校思想政治工作关系高校培养什么样的人、如何培养人以及为谁培养人这个根本问题。要坚持把立德树人作为中心环节，把思想政治工作贯穿教育教学全过程，实现全程育人、全方位育人，努力开创我国高等教育事业发展新局面"。在国内疫情严峻复杂的形势下，公寓作为大学生日常学习、生活的主要地点，是大学生思想教育和行为养成教育的重要阵地。为全力做好学校疫情防控工作、保障师生安全，数学学院党委高度重视并迅速落实学校疫情防控总体要求，更加注重学院学生各方面发展。

大学生生活在经济高速发展的时代，大多数人的生活环境比较舒适，学生生活自理能力和心理承受能力越来越差，学生公寓的问题越来越突出。根据学校及学院党委的要求，在疫情特殊时期，全体辅导员入住学生宿舍。作为分管公寓工作的老师，我要抓住这个特殊时期，将现存的宿舍问题一一解决。通过前期对公寓的了解，发现亟待解决的问题有以下几个。

（一）公寓卫生问题

目前，我院在校生1774人，分布在7栋公寓楼，其中男生4栋，女生3栋。从2021年卫生成绩来看，女生公寓整体较好，而男生公寓卫生整体较差，存在打扫卫生不积极、互相推诿；卫生习惯较差，积攒脏衣服、脏鞋子；不叠被，垃圾随地乱扔或者储存大量垃圾之后再扔；物品随意放置，鞋子衣服满地；垃圾不下楼，堆积在公寓门口；寝室未落实一日三检制度，未按时消毒记录，也未按照制定的值日表执行等情况。这也是个别宿舍屡次被通报的主要原因。

（二）公寓安全问题

安全无小事，公寓安全问题更是公寓工作的重中之重。个别学生私自购买三无电器；将电动车充电器带入宿舍充电；违规使用大功率电器，造成公寓断电；电脑不关机，手机充电器每天24小时不拔出；部分学生经常随手扔烟头。这些都给学生公寓造成了较大的安全隐患。

（三）公寓文化建设问题

公寓文化较为单一，公寓文化建设内容更新较慢，学生在公寓中找不到新鲜有用的信息，久而久之，对公寓文化的兴趣减少；公寓的文化活动较少，比较常见的是宿舍评比大赛，无其他创新的活动，导致大多数学生对宿舍评比习以为常，并不会花费太多时间参与活动；公寓活动室利用率较低，在活动室内开展的活动较少，导致活动室长期处于空闲状态。

三、采取的措施及取得的成效

作为"三全育人"综合改革重点学院，学院积极落实思想政治工作体系总体方案与实施方案，数学学院始终坚持全员、全程、全方位的"三全育人"氛围，肩负着培养又红又专、德才兼备的数学人才的重任。公寓作为大学生日常学习、生活的主要地点，是大学生思想教育和行为养成教育的重要阵地。公寓建设是校园建设的重要组成部分，良好的公寓文化、干净整洁的公寓卫生、健康有效的安全教育可以引导大学生树立正确的世界观、人生观和价值观，可以激发学生的学习兴趣，为学生综合素质的提高提供有利的条件。

（一）做好常态化宿舍卫生检查

为进一步从源头解决宿舍脏乱差的问题，通过辅导员谈心谈话、深入公寓、线上主题班会等方式开展工作。每次学团例会，我都会上报公寓情况，比如，把各宿舍卫生情况反馈给各年级辅导员，并且通过所带年级的QQ群、班长支书群、舍长群、公寓宣传栏等各种渠道公布各宿舍卫生等级，以更好地督促各宿舍改正不良习惯；当然除了学团例会外，我也会找到被通报学生宿舍，一一剖析原因，从根源解决问题。在这一特殊时期的常抓不懈中，较差宿舍已由原来的几十个变成了现在的个位数（图1），整体卫生情况有所改善，学院整体校级卫生排名也由倒数变成了中上游（图2），23个宿舍被评为2021年度山东科技大学"文明宿舍"。在疫情封控的特殊时期，

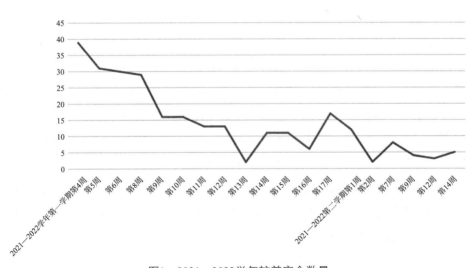

图1　2021—2022学年较差宿舍数量

学院更是严格执行"辅导员—层长—舍长"三级联动，从公寓"一日三检"、内务规范整理再到安全隐患排查，24小时快速响应，成为学生最大的"定心丸"。

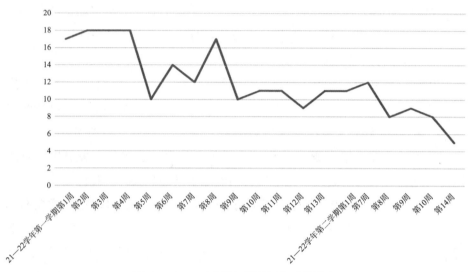

图2　2021—2022学年学院卫生成绩排名

（二）守好宿舍安全底线

校园工作千万条，安全稳定是关键。学院线上线下齐发力，通过开展师生思想状况调查、安全教育培训、筑牢"三微一端"阵地等加强师生安全教育，抓好意识形态工作，切实守住师生安全和舆情把控两条底线。为进一步加强学生的安全意识，我也会定期开展线上培训会，组织学生学习公寓管理规定及安全常识，召开防火、防盗、防骗、防中毒、防意外事故的安全主题班会，增强学生的安全意识、文明意识，确保学生宿舍的安全稳定。同时，通过消防器材使用培训、疏散逃生演练等消防安全教育活动，提高学生的消防意识。为杜绝学生在公寓内吸烟，确保广大学生的人身和财产安全，学生党员及干部组成督导小组，在公寓内巡视检查，及时发现问题、解决问题。在常态化的宿舍安全检查之下，学生的住宿安全意识水平明显提升，有效保障了学生宿舍的安全稳定。

（三）开展个性化的文化活动

针对学院目前的公寓文化建设现状，为进一步提高公寓活动室的利用频率和效率，拉进学生的距离，在学院领导的支持下，加大学生公寓文化建设力度，营造积极向上的公寓文化氛围，联合学生组织举办了"优秀宿舍""公寓装饰大赛""舍歌大赛""公益捐书""世界读书日"等相关活动。贴近学生需要，通过活动的开展陶冶学生的情操、提升公寓文化品位，促进大学生综合素质的提升、文明素养的提高。学院紧紧围绕"针对性教育、亲情化服务"的工作理念，精心打造公寓"shu"文化建设工程，即"宿聚轩""淑聚有约""智慧'数'"等育人阵地。集值班、谈心及活动为一体的"宿聚轩"综合活动室有序使用，针对女生就业、心理等专题的"淑聚有约"已举办六期，营造良好的读书学习氛围、方便喜爱读书的学生读书学习的"智慧'数'"读书角学生络绎不绝。活动室的设立，不仅将教育服务送到了学生的"家门口""心坎上"，更是有效地扩大了大学生思想政治教育工作的覆盖面。公寓文化建设范围还包括公寓活动室、楼道墙壁、楼道天花板、楼梯拐角及各楼层间的台阶等，建设内容强调以学生为中心。在不断努力下，学院获评2021年度学生公寓文化建设工作二等奖。

四、结语

辅导员要经常深入学生公寓内部，走进学生，让公寓充分洋溢着当代大学生的精神风貌，让公寓成为温馨的家。引导学生树立正确的世界观、人生观、价值观，培养学生健康全面的人格，为一体化公寓建设打下坚实基础。

作者简介

　　段雪萍，女，汉族，1993年5月出生，中共党员，经济学硕士，讲师。2020年8月入职山东科技大学数学与系统科学学院从事辅导员工作，现任山东科技大学数学与系统科学学院学生工作办公室副科级干部。贯彻落实学生思想政治工作体系总体方案及"三全育人"综合改革试点工作，不断挖掘和发挥公寓育人功能，为学院师生提供集教育、服务、文化、管理于一体的育人场所，有效诠释了全员、全过程、全方位育人的育人理念，切实"把思想政治工作贯穿教育教学全过程"的要求落到细处、实处。

辅导员工作感悟

　　秉持"悉心关怀、智慧引领"的理念，我一直致力于为学生提供全方位的辅导和支持。在辅导员工作中，我深刻体会到了教育的使命和责任。每一位学生都是独特的个体，我耐心倾听、悉心关怀，帮助他们克服困难，引导他们找到人生的方向。在这个过程中，我学会了倾听，学会了换位思考，更懂得了尊重和理解的力量。辅导员的工作不仅是为学生在学业上提供帮助，更是在心灵上给予支持。在学生成长的路上，我陪伴他们走过迷茫，见证他们茁壮成长。学生的每一次成功都是我最大的满足，学生的每一次进步都是我最大的骄傲。我将继续努力，为学生成长成才贡献自己的力量。

高校学生"一站式"学生公寓育人管理模式探索与实践

——以山东科技大学材料科学与工程学院为例

林振德

一、案例基本情况

在全国高校思想政治工作会议上，习近平总书记强调，"要坚持把立德树人作为中心环节，把思想政治工作贯穿教育教学全过程，实现全程育人、全方位育人，努力开创我国高等教育事业发展新局面"。因此，高校在公寓管理工作中要紧紧围绕"立德树人"的根本任务，开展有针对性的公寓管理工作，不断强化育人效果。

山东科技大学材料科学与工程学院深入贯彻落实习近平总书记的重要讲话精神，积极推进落实教育部及山东省教育厅关于"一站式"学生社区综合管理模式改革的工作要求，探索建立了开展思想政治教育、完善管理与服务机制、构建良好的公寓文化"三位一体"的"一站式"学生公寓育人管理模式，推动形成全员、全过程、全方位育人格局。

二、组织实施过程

（一）融入思想政治教育

1.创建思想政治教育阵地

学生公寓是学生停留时间最长、接触最多的活动场所，因此在公寓内建立思想政治教育基地就显得尤为重要。山东科技大学材料科学与工程学院依托学生公寓积极探索并建立"筑·飞"辅导员工作室、辅导员会客厅、学生党员活动室、图书银行、党史文化长廊等多个思想政治教育阵地。通过思想政治教育阵地的建立，充分挖掘公寓的育人功能，利用公寓贴近学生、深入学生的特点，开展有针对性的、学生易于接受的思想政治教育活动。

2. 开展红色主题教育

2021年是中国共产党建党100周年，在中国共产党的百年奋斗历程中，涌现了无数可歌可泣的感人奋斗故事，而中国共产党也带领中国人民推翻了三座大山、开启了社会主义道路、摆脱了贫穷，比历史上任何时期都更接近中华民族伟大复兴的目标。因此，充分利用党史、新中国史、社会主义发展史、改革开放史以及其他红色资源可以引导青年学生深刻感悟中国共产党在发展过程中不忘初心、砥砺前行的初心和使命，从而指引青年学生树立远大目标，为社会主义建设添砖加瓦。

公寓楼GC10二楼学生党员活动室是学院开展学生党员红色先锋成长计划的主要阵地。在党员活动室，学院每年投入一定经费购买书籍、报纸、杂志、光盘等学习资料，切实抓好党务工作者、党员、入党积极分子的教育和培训工作。在活动室适时开展领导干部与党员、党员与党员、党员与人民群众之间的思想交流工作。

在建党100周年之际，为扎实开展党史学习教育，学院率先在公寓楼GC10二楼建设"党史文化长廊"，用展板以图文并茂的形式，庄严生动地展示了中国共产党领导全国人民不懈奋斗、不断奋进的光辉历史，全面呈现出中国共产党从中共一大到中共十九大的辉煌成就。学生党员轮流驻守文化阵地，向同学讲述党史故事和英雄事迹，充分激发了学生学习党史的热情。面向学生党支部、学生公寓"丹心育人"党员服务队和致远中学师生，分别开展了8次宣讲；面向各团支部，就淮海战役、南昌起义、遵义会议等红色革命历史事件分别开展了13次宣讲，取得了良好的学习效果。

3. 充分发挥党员的先锋模范作用

为深入推进"我为师生办实事"实践活动，在毕业生离校之际，材料科学与工程学院党委在学生公寓设置红色先锋服务站，组织学生党员成立"红色先锋岗"，帮助学生解决实际问题，为毕业生驻守一个安全、温暖的港湾。在疫情防控期间开展接力传党旗、战"疫"我先行疫情防控志愿服务活动，组织学生党员、入党积极分子积极投身疫情防控工作，以身作则、率先垂范，为打赢疫情防控阻击战贡献力量。

（二）完善管理与服务机制

1. 完善学生日常管理机制

俗话说，无规矩不成方圆。学院历年来十分重视学生日常行为习惯的养成。规矩意识、制度意识、责任意识的养成需要长时间的培育，学院通过加强学生公寓安全、早操、卫生等日常行为管理，将日常考核与学生综合测评挂钩、与学生推优入党挂钩、与奖助推荐挂钩等方式，组织学生将良好行为入脑、入心、入行。建立奖惩机制，对于在安全、卫生等工作中表现优异的集体和个人，学院每年定期举行基础文明建设总结表彰大会，总结成绩、表彰先进；对于在制度执行中存在问题的集体和个人，也进行考评，引导广大学生见贤思齐，自觉遵守学院规章制度。

2. 推动辅导员入驻学生公寓

学院在学生公寓设立"辅导员会客厅"，辅导员设立值班表轮班值守，通过开展专题讲座、谈心谈话、征集意见、研讨交流等形式，切实深入学生内部，了解学生所需所求，为学生办实事、办好事；同时，辅导员们发挥各自所长，优势互补，共同学习，推动辅导员队伍立体化、精细化、品牌化、专业化、一体化"五化建设"，充分发挥优秀辅导员的榜样引领和辐射作用，使辅导员成为思想政治教育的"宣讲师"、学生管理工作的"先锋队"，成为指引学生成长方向的"人生导师"、培育学生成"材"的"铸造师"、疏导心理问题的"情感大师"、解决生活琐事的"跑腿小哥"……

3. 完善学生服务机制

学生问题无小事，学院领导高度注重倾听学生诉求，针对学生日常学习、生活服务、奖惩助贷、学校管理制度等急难愁盼的问题，通过畅通线上、线下学生反馈渠道，及时解决学生遇到的问题。

（三）塑造良好的公寓文化

1. 积极培育和践行社会主义核心价值观

我国高等教育肩负"为党育人、为国育才"的使命，目的是培养德智体美劳全面发展的社会主义建设者和接班人。当今世界正经历百年未有之大变局，经济社会的快速变革、网络信息技术的迅速迭代，对青年大学生的世界观、人生观、价值观产生了很大的影响。高校必须突出核心任务,聚焦"为党育人、为国育才"的使命,高举中国特色社会主义伟大旗帜,全面贯彻党的教育方针,落实立德树人的根本任务,深入贯彻社会主义核心价值观,加强青年学生的理想信念教育、爱国主义教育,增强青年学生对党的政治认同、思想认同、情感认同,不断巩固和扩大党执政的青年群众基础。

2. 弘扬中华民族优秀传统文化

学院在公寓楼GC10一楼设立社会主义核心价值观以及山东科技大学优秀传统文化内容,进一步引导学生积极培育和践行社会主义核心价值观,有针对性地指导学生的日常行为,引导学生形成正确的理想信念和生活习惯,弘扬主旋律,传播正能量,帮助学生树立正确的世界观、人生观和价值观,从而营造积极向上、健康活泼的文化育人环境。

3. 注重培育良好的公寓文化

一是形成了以"舍区文化节"为载体的公寓品牌,组织开展安全、文明的舍区文化活动。为切实做好学生公寓安全稳定工作,创造安全、文明、整洁、有序的住宿环境,学院每年定期举办大学生舍区文化节暨学生公寓安全文明建设活动月,具体活动包括叠被能手大赛、自律会开放月、"宿舍吉尼斯"大赛、公寓安全文明大评比、宿舍装饰大赛、宿舍佳画、宿舍安全环保知识竞赛和舍歌大赛等,提高了学生的安全文明意识,丰富了宿舍文化生活,增进了宿舍成员的感情交流,培养了学生自觉自律的好习惯。同时,对学院内评选出的星级文明宿舍进行表彰和展示,起到了良好的典型示范作用。二是进一步营造"爱专业、学榜样、争优秀"的良好风气。学院注重发挥优秀榜样的示范引领作用,统计近几年优秀学生事迹,在公寓楼GC10一楼走廊设立荣获山东科技大学"十佳班级"、山东科技大学"十大优秀学生"、山东科技大学研究生"十大科技精英"以及材料学院"闪耀材料"2020年度十大学生的优秀事迹风采展;更新国家奖学金获奖学生风采展、考研学生光荣榜、科技创新荣誉榜、标兵学风宿舍展等宣传内容。充分利用公寓楼GC10二楼文化长廊,进行"材料之美——微结构"图片展览;同时针对致远中学高中学生研学需要,面向致远中学90余名师生开展"材料之美"科普交流研学活动。加深了学生对学校、学院和专业的了解,提升了学生的归属感和主人翁意识,尤其对于增强大一新生的专业认同感、激发学生为构建美丽校园不懈奋斗的理想信念和坚定决心具有重要意义。

4.注重打造学院公寓品牌

学院历年来高度重视公寓建设工作，注重完善公寓建设的软环境和硬环境，完善管理制度，创新宿舍评比，提升建设水平。学院在学生公寓成立了"筑·飞"辅导员工作室，成为全校第一家在学生公寓成立的辅导员工作室；成立"辅导员会客厅"，成为集学生思想政治教育、学业辅导、就业帮扶、心理疏导等多种功能于一体的公寓驿站；成立图书银行，通过开展图书漂流、书签贺卡、编纂《奋斗的日子》分享考研经验等活动极大地丰富了学生的精神生活；设立党史文化长廊，用展板以图文并茂的形式，引导学生党员轮流驻守文化阵地，向同学讲述中国共产党领导全国人民不懈奋斗、不断奋进的光辉历史，充分激发了学生学习党史的热情；打造"舍区文化节"公寓品牌活动，组织开展安全、文明的舍区文化活动。学院公寓品牌文化的凝练与培育，有助于促进学生的情感认同，实现更好的育人效果。

三、工作成效

锲而不舍、久久为功，"一站式"学生公寓育人管理模式的构建需要持之以恒、不懈努力。学院在探索过程中积累了一定的经验，也取得了一些成绩。学生公寓是大学生学习、生活、人际交往的重要场所，加强学生公寓文化建设是加强公寓管理、提高大学生综合素质的重要举措。历年来，在学校领导和学院党委的大力支持下，学院获"学生公寓安全文明管理工作先进单位"荣誉称号1次，"学生公寓文化建设工作先进单位"荣誉称号4次，"学生公寓文化建设工作"二等奖1次。学院每年设立固定资金支持公寓建设，先后投资十余万元用于加强公寓文化建设，促进学院基础文明建设；充分利用红色先锋教育阵地和红色文化教育长廊开展相关教育和活动。学院定期召开基础文明建设表彰大会，营造了"讲文明、树新风、促发展"的良好氛围。在各方的支持和努力下，学生教育工作取得良好效果。

作者简介

　　林振德，男，汉族，1991年5月出生，中共党员，经济学硕士，助教，山东省创业讲师。2019年8月入职山东科技大学材料科学与工程学院从事辅导员工作，现任山东科技大学材料科学与工程学院学生工作办公室副科级干部。先后获胶东经济圈首届大学生职业生涯规划大赛优秀指导教师、山东省大学生暑期三下乡社会实践优秀指导教师、山东科技大学优秀教育工作者、山东科技大学新闻宣传工作先进个人等荣誉称号。

辅导员工作感悟

　　踔厉奋发，勇毅前行。青年大学生是祖国的未来和希望，肩负着建设祖国的使命。作为一名辅导员，我深感使命光荣。新时代新形势下，辅导员要引导青年学生坚持正确政治方向，听党话、感党恩、跟党走；要引导青年学生自信自强，树立正确的价值观；要引导青年学生努力学习本领，心怀"国之大者"。知之愈明，则行之愈笃。面对新征程、新任务，我们辅导员更要坚持以习近平新时代中国特色社会主义思想为指引，牢记为党育人、为国育才的使命，以学生为本，同青年学生一起不断勇攀高峰，以实际行动落实立德树人的根本任务。

学生工作"三课"提升工程实施方案

刘明远

一、案例基本情况

习近平总书记在全国高校思想政治工作会议上指出:"要坚持把立德树人作为中心环节,把思想政治工作贯穿教育教学全过程,实现全程育人、全方位育人,努力开创我国高等教育事业发展新局面。"随着学分制、大合班课堂教学以及信息技术的不断发展,传统的以班级为主的思想政治教育和活动形式已不再适应目前学生工作的新形势。为实现立德树人的根本任务,辅导员在日常学生教育管理工作中积极开展第一课堂"三来"、第二课堂"三月三节"和第三课堂"三全育人"提升工程的研究。

"三课"提升工程的研究目的主要是三个转变:一是转变大学生上课率低、听课人数少、教与学互动差的局面;二是转变思想政治教育平台不够多、效果不明显的局面;三是转变学生宿舍白天睡觉的人多、玩游戏的人多、宿舍脏乱差的局面。"三课"提升工程的实施,全面提升了高校人才培养质量和育人水平。

二、组织实施

(一)"三课"提升工程概况

从2018年开始,我们结合学生工作实际情况提出了"三课"提升工程,开展了第一课堂"三来"、第二课堂"三月三节"、第三课堂"三全育人"的全面研究。

第一课堂"三来",即让学生主动"坐到前排来、把头抬起来、提出问题来";第二课堂"三月三节",即将思想政治教育、文体活动、社团活动、科技创新等活动有机串联,形成制度化、届次化和规范化的系列活动;第三课堂"三全育人",即全员育人、全程育人、全方位育人。"三课"互相促进、互为依托,共同实现立德树人的根本任务。

(二)"三课"提升工程推进情况

在第一课堂的研究中,课堂教学是学校教育教学的主阵地,"三课"提升工程力求通过第一课堂的"三来"切实提高课程育人实效。

我们通过制作调查问卷,从课堂教学、学生自身、学生组织纪律检查三方面进行调查研究,使教学内容丰富新颖、学生态度积极主动、学生组织加强督查,打造新形势下互教互学、互相促进的课堂新秩序。

第二课堂"三月"即书香校园读书月、优秀宿舍创建月和毕业生奉献月。书香校园读书月(主要包括"悦读书,品人生"征文比赛、"我与书籍有个约会""以书会友"图书角)活动有效增强了学生的读书兴趣,提升了校园的文化育人氛围;优秀宿舍创建月(主要包括叠军被大赛、宿舍文明公约征集比赛、拔河比赛、文明宿舍评比、宿舍logo设计大赛)活动增强了宿舍同学的凝聚力和向心力,有助于宿舍同学之间的合作团结,有利于和谐校园建设;毕业生奉献月(主要包括毕业生爱心捐助、毕业献花恩师、毕业生党员志愿服务、毕业生代表座谈会)活动进一步提升了毕业生的责任感和使命感,增强了毕业生爱校荣校的意识。

第二课堂"三节"即传统文化艺术节、社团文化艺术节和科技创新艺术节。传统文化艺术节(主要包括"我身边的传统文化"短视频大赛、中国传统文化艺术节晚会、汉字听写大会、传统文化知识竞赛)活动进一步弘扬了中华优秀传统文化;社团文化艺术节(主要包括青年法学会模拟审判、律舟志愿服务队支教活动、文化与艺术协会成果展)活动顺利开展,律舟志愿服务队曾获"泰安市志愿服务先进集体"、山东科技大学"十佳志愿服务队"称号,学生把专业知识和实践结合起来,取得了优异的成绩;科技创新艺术节(主要包括挑战杯大赛、电子商务精英挑战赛、大学生创新计划大赛等)活动进一步提高了学生的专业兴趣和科技创新能力。

我们在充分调研的基础上开展了一系列受学生欢迎的延伸活动,例如"同心圆工作坊"系列活动，增强了班级的凝聚力、向心力。第二课堂"三月三节"活动的开展，提升了学生的实践创新能力，有利于综合素质人才的培养。

第三课堂"三全育人"工程以宿舍为切入点推动"三全育人"工作。通过将全员育人、全程育人、全方位育人三者有机结合，打造服务育人的基本框架和运行程序。

（1）建立"三全育人"工作室。学生组织或者各班级宿舍长可以在工作室内开展专题研讨会、工作例会，最大程度发挥学生自我管理的育人阵地作用。通过实施这一运行模式，各班级学生宿舍整洁化、标准化，在宿舍卫生、晨检等方面取得了优异成绩。

（2）成立"青年之声"工作群。"青年之声"工作群成立于2017年11月22日，在信息畅通、化解矛盾、解决问题等方面起到了"分流阀"的作用。自成立至今，共收到并解决学生反映的600多个问题，成为学生心目中反映心声、维护权益的口碑品牌，同时有利于辅导员及时了解学生在日常生活中存在的困难，及时反馈各部门，尽快解决问题，打通服务学生的"最后一公里"。

课题组制作宿舍内部管理调查问卷，学生认真探讨，积极提出改进学生宿舍管理的意见，进一步推动"三全育人"工作模式的实施。坚持"六化"原则，营造健康、和谐的宿舍氛围，以舍风促学风，推动学生全方面发展。

三、工作成效

在"三课"提升工程实施方案的推动下，学生工作在思想政治引领、学风建设、学生培养、科技创新等方面取得了显著成效。

（一）思想政治引领方面

在建党百年之际，我们带领学生党支部和学生干部前往校园记忆室、泰安革命史展览馆等文化基地，开展系列党史教育活动，积极参加山东省大学生庆祝中国共产党成立100周年主题演讲比赛并获得佳绩，开展了"学党史、强党性、当先锋"主题党课等活动，让学生在学习中坚定理想信念、弘扬优良传统、牢记初心使命。

（二）学风建设方面

全体学生矢志奋斗、奋勇争先，不断提高自我，备战各类考试。在法律职业资格考试中，2018年全员通过率达41.89%，2019年高达47%，2020年为38.3%，2021年为38.8%，连续四年通过率在38%以上，远超15%的国家平均过线率。2020届毕业生中有47人考取了研究生，班长、团支书的研究生、公务员考试的通过率为100%，学生党员的通过率高达95%。褚蕴恒同学顺利通过2021年山东省拔尖选调生考试，陈淑婧考取山东省选调生，王旭等5名同学通过公务员考试。2022届毕业生报考通过率为42%，曹润芝等7名同学顺利考取公务员和事业编。

另外，在各类考试中很多班级整体成绩优异，营造出良好的学习氛围。法学专业2015级1班大学英语四级一次性通过率100%，法学专业2017级2班法律职业资格考试客观题通过率高达85%，远远超过国家统考平均通过率。

（三）学生培养方面

始终紧抓学风建设这个重点，充分发挥"三位一体"人才培养模式的引领作用，将学风建设、学生干部队伍建设和学生党员队伍建设三者有机结合。依托多种形式的活动深化政治理论学习教育。社团"红帆学社"定期开展大学生思想政治教育；"益群学生干部成长营"旨在提升学生工作能力和实践能力；"青马工程培训班"通过举办学生干部培训等活动，全面提高其综合素质。

工作中，我们始终坚持德育为先、实践先行，将目标管理理论引入学生教育管理工作之中，涌现了褚蕴恒（山东省拔尖选调生）、孟宇（山东省定向选调生）、宋乐然（推免中国人民公安大学研究生）、江子照（推免华东师范大学研究生）等非常多的优秀学生党员和学生干部。

（四）科技创新方面

夏雨、李霞等多名同学在挑战杯、"互联网+"创新创业大赛、山东省模拟法庭大赛等省级、国家级科技创新比赛中取得优异成绩。

（五）就业服务方面

近年来，涌现出一批敢于担当、乐于奉献的优秀毕业生。杨智、陆敏和刘晋峰等9人志愿服务西部，3人被录用为新疆公务员，4人应征入伍。目前，杨智等3人已经扎根在新疆、西藏，为祖国边疆建设贡献自己的青春力量！

四、项目未来研究方向

纸上得来终觉浅，绝知此事要躬行！新时代教育背景下，我们将不断改进工作方法，创新工作形式，继续推进"三课"提升工程实施方案的研究。继续落实立德树人根本任务，着力推进"十大"育人体系建设，奋力开创"三全育人"工作新局面，为培养全面发展的社会主义建设者和接班人而不懈奋斗！

作者简介

刘明远，男，汉族，1983年12月出生，中共党员，法学硕士，副教授，国家三级心理咨询师。2009年8月入职山东科技大学经济管理系从事辅导员工作，现任山东科技大学公共课教学部学生工作办公室主任。结合学生工作提出了"三课"提升工程，开展了第一课堂"三来"、第二课堂"三月三节"、第三课堂"三全育人"的探究。第一课堂的"三来"重点提高课程育人实效；第二课堂"三月三节"主要提升学生的实践创新能力；第三课堂"三全育人"将全员育人、全程育人、全方位育人有机结合。成立了"青年之声"工作群，在信息畅通、化解矛盾、解决问题等方面起到了"分流阀"的作用。在"三课"提升工程实施方案的推动下，学生工作在思想政治引领、学风建设、学生培养、科技创新等方面取得了显著成效。

辅导员工作感悟

作为新时代辅导员，要积极主动地完善自我、提升自我，踏踏实实工作。要坚持以学生为本，始终围绕学生、关爱学生、服务学生；要以问题为导向，不断创新工作方式、方法，完善心理疏导和危机干预机制，精准、精细、精心解决学生问题；要增强实践本领，为青年学生的成长搭建平台，引导青年学生做好职业生涯规划，勤于学习，甘于奉献，为实现自己的人生理想而努力奋斗。

"以学生为主体"的学生公寓管理工作模式探析

杨　柳

一、基本情况

"一站式"学生社区综合管理模式建设是教育部贯彻落实习近平总书记关于教育的重要讲话精神，提升新时代高校党建和思政工作系统化、精细化水平的重要改革举措。随着学生社区教育管理职能和育人功能的不断凸显，高校不断加强对学生社区教育管理体系构建的探索，形成了学生社区教育管理的基本模式。

当前，多数高校的学生社区管理队伍主要由两部分构成：一是宿舍管理员队伍，由后勤部门招募和管理，主要负责楼栋的安全管理及物业事务；二是辅导员队伍，由学校学院专兼职辅导员担任，主要负责学生社区的思想教育、文化营造和文明寝室建设等。然而，随着"千禧一代"成为学生公寓的居住主体，"一站式"学生社区综合管理过程中出现了许多新的挑战和困难，如部分"00后"学生"特立独行"，以自我为中心，对外界事物冷漠，追求独立、集体意识较差，极大冲击了学生"自我管理、自我教育、自我服务"的积极性和主观能动性。

针对上述问题，外国语学院学生工作办公室提出以学生自我教育为引领，以学生自我管理为保障，以学生自我服务为驱动，探索构建"以学生为主体"的学生公寓管理工作模式。

二、组织实施过程

（一）以自我教育为引领，构建"111"教育模式

1. 用好 1 个阵地，强化思想政治教育实效

学院于2019年将位于B2至B4宿舍连廊区的学生党员活动室进行了升级改造，打造党建文化墙，配备投影设备以及各类图书、期刊、报纸。学生党员自发开展"红色电影放映日""党史故事进宿舍""榜样的力量"等活动，将党员活动室打造成思政教育、理论宣讲的有效平台，打破了以往活动室单一的"自习室""谈话室"功能。

2. 守好 1 条红线，抓实安全文明教育责任

外国语学院坚持扣好学生公寓安全文明教育的"第一粒扣子"，连续4年为新生举办公寓安全知识竞赛，"以赛促学""以学促行"，通过竞赛学生自发自主学习公寓安全知识和文明行为管理规定，培养和提高了自身安全防范、遵规守纪的意识，增强了对安全隐患的判断能力、对危机事件的应急处理能力。

3. 办好 1 个文化节，发挥校园文化育人功能

学院现已连续举办14届宿舍文化节，历届文化节均由自律会自行组织承办，通过开展外文书法大赛、晨读月活动、宿舍装饰大赛、征文大赛、宿舍风采展示大赛等学生喜爱、擅长的文体活动，营造了健康向上的公寓文化氛围，提高了学生的身心素质，丰富了学生的课外活动，充分发挥了校园文化的育人功能。

（二）以自我管理为保障，打造"1+X+Y"管理队伍

1. 建设 1 个学生自律组织，强化自我管理核心

外国语学院自律会始终以"自我管理、自我约束、自我发展"为宗旨，坚持"一日一早检，一周一卫检，突击查违禁，常规排隐患"。学院自律会自成立以来例行开展早检和早自习检查，培养塑造扎实的学风和严谨刻苦的学习态度。针对学院学生在评奖评优过程中对日常公示文件存疑的情况，学院自律会根据校卫检电器检查模式开创性使用"卫检通报单""违禁物品检查罚单"，确保过程留痕、材料存档，从严从细、抓牢抓实学生公寓卫生检查和违禁电器检查，学院卫检成绩排名始终位居前列。

2. 挂牌 X 个党员模范宿舍，夯实自我管理堡垒

党员宿舍挂门牌、亮身份，一位党员联系一间宿舍，秉承"联系帮扶、责任到人、落实到舍"的原则，在70周年校庆、文明校园创建、安全隐患排

查等重大时间节点，在促学风、抓就业、保稳定等关键环节，一个党员宿舍就是一座战斗堡垒，全面激发学生自我管理、自我约束的自觉性和执行力。

3. 确立 Y 个党员先锋模范，树立自我管理标杆

在2022年春季青岛疫情最吃紧的关键时刻，在学校实行封闭管理的严峻形势下，我们探索出了行之有效的"一岗一队一舍"学生公寓网格化服务模式。"一岗"即为固定"点"式党员先锋岗，协助宿舍楼宇工作人员做好安全值班工作；"一队"即为流水"线"式党员流动队，定时定点流动巡查，检查宿舍卫生情况、垃圾下楼情况和一日三检记录情况；"一舍"即为全覆盖"面"式党员宿舍负责制，每名党员"包干"1~3间宿舍，全面对接"包干"宿舍的学习、生活、工作难题，真正实现学生党员在学习上发挥楷模作用、在工作中发挥表率作用、在合作中发挥纽带作用、在生活中发挥榜样作用。

（三）以自我服务为驱动，打通"公寓育人"最后一公里

1. 配齐心理观察员，将育人环节抓实抓细

由于学院女生基数大，女生心思细腻敏感，常因宿舍人际关系问题、情感问题、家庭问题等产生心理问题。宿舍心理观察员作为学生社区最小单位模块的负责人，通过观察宿舍成员的情绪波动和心理变化，及时反馈宿舍成员的特殊情况及行为表现。宿舍心理观察员是我们学生管理应急处突过程中的"吹哨人"，在协助处理学院各类突发应急事件中发挥了不可替代的作用。学院定期开展宿舍心理观察员培训与考核，抓实抓细育人的各个环节。

2. 打造志愿服务队，将育人成效落地落实

学院依托学生公寓组建临时志愿服务队，在毕业生离校、新生入学、文明校园创建等关键时间节点，开展"公寓洁净我先行"系列志愿服务活动，为离校毕业生打扫宿舍遗留物品，规范摆放公寓楼下非机动车，将"自我服务"的实践内涵延伸至服务他人、服务学校。

三、工作成效

（一）公寓管理成绩显著

2021年，学院荣获"学生公寓文化建设二等奖"，连续两年获评"学生公寓安全文明管理工作先进单位"。2022年，学院29个宿舍获评"文明宿舍"称号，10个新生宿舍获评"新生内务标兵宿舍"称号。

（二）育人成效逐渐彰显

学生综合素质不断提升，行为习惯持续向上向好，学生均能养成良好的生活和学习习惯，学生违纪率逐年下降。社区学生组织职能进一步强化，学生以"主人翁"的意识参与到学生社区治理中来，真正实现把管理、教育和服务的权利和职能还给学生。学生逐步学会关心并解决身边的人际关系矛盾、社区公共事务，营造了和谐、团结、稳定的学生社区氛围，真正实现学生社区的良好自治。

作者简介

杨柳，女，汉族，1994年11月出生，中共党员，文学硕士。2020年8月入职山东科技大学外国语学院从事辅导员工作，现任山东科技大学外国语学院学生工作办公室副科级干部。探索"以学生为主体"的学生公寓管理工作模式，以自我教育为引领，构建"111"教育模式；以自我管理为保障，打造"1+X+Y"管理队伍；以自我服务为驱动，打通"公寓育人"最后一公里。个人连续两年获评"学生公寓安全文明管理工作先进个人"。

辅导员工作感悟

"教育的本质是一棵树摇动另一棵树，一朵云追逐另一朵云，一个灵魂唤醒另一个灵魂。"辅导员作为引领青年思想认识、助力学生全面发展、维护校园和谐稳定的重要力量，肩负着"为党育人、为国育才"的重要使命。辅导员要做"领航者"，坚定学生理想信念，厚植学生家国情怀；辅导员要做"陪伴者"，立足成长成才规律，引导学生砥砺前行；辅导员要做"带头者"，强化自身能力素质，感召学生拼搏奋斗；辅导员要做"守门者"，坚守教育工作底线，守护学生健康成长。道阻且长，行则将至；行而不辍，未来可期。我愿以纯粹的热爱和执着的追求践行高校辅导员誓词"情系学生成长，做好良师益友。为培养社会主义合格建设者和可靠接班人而努力奋斗"！

校园危机事件应对

失联骑行者的回归

易　凡　徐华坤

一、案例概述

刘某，男，山东潍坊人，2018级学生。独生子，性格内向，比较在意他人对自己的看法，学习刻苦，成绩优异，父母均患有精神疾病，家庭经济收入微薄。9月15日中午，该生将手机留在宿舍，独自一人骑自行车离校，未将行踪告知任何人，失联三天。

本案例属于校园危机事件应对。

二、案例分析及解决方案

（一）案例分析

（1）结合刘某将手机留于宿舍书桌这一情况，初步判断刘某属于主动失联。

（2）刘某成绩优异，作息规律，平时喜欢看电影、听音乐，此次失联很有可能是因为突发事情刺激。与家长沟通后得知，刘某离校前两个小时曾与父亲通电话，父亲在通话中再次要求刘某退学打工补贴家用，刘某拒绝并与父亲发生争执。初步判断，造成此次失联事件的直接原因是此次通话。刘某返校后接受的心理咨询结果也显示，刘某生活积极，有进取心，很爱惜自己，未发现有心理问题。

（3）刘某虽未带手机，但将身份证、银行卡、现金等物品带走，有求生表现，暂时排除其出走目的为轻生，并可以通过查找身份登记信息来寻找其行踪。在后续的寻找过程中，也确实是通过查找入住登记信息确定了刘某的位置，最终找到了他。

（二）解决方案

1. 及时汇报，迅速应对

该生班长发现其失联后向辅导员反映了情况，辅导员马上向学院分管领导做了汇报。学院迅速成立应急处理小组，采取多项应对措施：

第一，向学生处处长、分管学生工作校领导汇报情况。

第二，马上联系刘某家长，将失联情况告知家长，并要求家长尽快赶到学校。该生父亲与姑姑到达学校后陈述，9月15日上午9：30，父亲曾与该生通电话，想让学生放弃学业跟随学生姑姑学医，学生不同意，父子俩发生言语争执。

第三，受家长委托及时报警。

第四，找到刘某舍友谈话，调查了解该生近期情况。

第五，发动刘某舍友通过QQ、微信、微博、网易云等各种网络社交平台调查、寻找，并从该生9月15日10：22的动态发现，该生有骑行外出的想法。

第六，结合刘某近日刚购买了一辆捷安特自行车这一情况，联系本地捷安特车友会进行寻找，但9月15日当天并没有车友会骑行活动，排除了参与车友会活动出行的可能。

第七，求助警方，通过"天网"系统，人工查看监控系统进行寻找。

2. 争分夺秒，全力寻找

9月17日，警方查到刘某前一晚曾入住日照市五莲县，学院随即派辅导员前往，与刘某家长在宾馆汇合，但刘某已于17日早上8点离开。在校领导、学生处处长的通力协调下，日照警方关注并介入此事，辅导员与学生家长在一一查看宾馆附近监控后发现刘某沿206国道继续西行。9月18日凌晨0：06，警方再次查到刘某已在临沂市登记入住，辅导员连夜前往并于凌晨3点到达刘某所住宾馆。按照领导指示，辅导员在确定刘某在宾馆休息后并未马上叫醒他，而是在宾馆外守候，早上6点敲门叫醒刘某。随后，辅导员与刘某共进早餐，经教育引导和情绪疏导后，刘某解开心结，同意跟随辅导员一同返校。9月18日上午11点，学生刘某安全返校。

3. 谈心谈话，关注关爱

刘某返校后，学院领导与辅导员与其进行了深入细致的谈话。刘某对于自己的违规行为有了清醒的认识，对于自己的成长历程进行了详细的讲述，对于个人学业仍然心怀梦想、抱有热情。

交谈中得知，刘某家庭经济条件很差，父母劳动能力有限，家庭收入微薄。去年入学时，刘某父亲曾希望其报考医学专业，以便以后跟随姑姑在诊所工作赚钱，但刘某坚持报考了自己喜欢的专业。

虽然家庭经济困难，但因个人自尊心强，心理压力大，不愿让同学知道自己父母有精神病的现实情况，刘某在大一入学时没有申请困难学生认定。了解此情况后，辅导员鼓励他正视家庭所处困境，战胜自卑心理，自立自强，并积极联系为其安排学校勤工助学岗位。刘某打开心结，欣然接受了老师的好意，表示愿意申请本学年困难学生认定，并接受勤工助学岗位。

交谈结束后，两位辅导员立即向学校学院领导做了汇报，遵领导指示，立即联系了学校心理咨询中心，向该中心老师陈述情况后，马上预约了当天14：30的心理咨询，进一步了解、帮扶。与此同时，叫来该生舍友，嘱咐他们多多关注刘某，如有异常，立即汇报。

4. 真诚关爱，细致入微

刘某回校后，学院领导、辅导员在与刘某及其父亲的交谈中得知，9月18日恰好是刘某的20岁生日。交谈结束后，辅导员悄悄找到刘某的室友，共同为刘某策划准备了一个庆生仪式。下午3：30，刘某接受完心理咨询后，辅导员、班长与他一同返回宿舍，舍友已经提前准备了生日蛋糕在宿舍等待。

刘某推门进入的一瞬间，辅导员、班长、舍友齐唱生日快乐歌，并将刘某引导至生日蛋糕前。刘某非常感动，对着蜡烛许下心愿，并动情地说，他是一个性格内向的人，不善表达，但他十分珍惜与老师、同学的感情，非常热爱自己的宿舍、班级和家庭，希望宿舍和班级可以融洽和谐、越来越好。同时，他也十分感激父母的养育之恩，愿用自己的肩膀扛起家庭的责任，不负家人嘱托，正视贫困，自立自强，做一个对社会有用的人。

一周后，刘某通过班级评议小组评定，进入困难生库，并开始了勤工助学岗位的工作。

三、经验与启示

1. 加强师生沟通

坚持以人为本，加强师生间的沟通交流。运用心理学专业知识，掌握共情技巧，站在学生的角度换位思考，使学生愿意信任老师，愿意把内心的想法和秘密告诉老师，让学生对辅导员充满信任。要充分利用微信、QQ、微博、易班等新媒体平台，用学生喜闻乐见的方式加强与学生的交流和沟通；对于心理异常的学生，要耐心深入地沟通，全面了解学生的思想、心理状况，深入把握存在的问题，引导学生分析焦虑、低落等各种情绪的成因，同时要注意寻求心理咨询中心专业老师的帮助；要与学生的家人和同学、朋友建立联系，以便更好地理解和核实学生问题，有利于更全面和客观地了解情况。

2. 强化预防机制

作为辅导员，我们应当经常学习危机管理理论知识，研究各高校学生工作的经典案例，总结危机事件的经验教训，掌握危机事件的发生规律，提高防范和应对校园危机事件的能力。

辅导员要提升自己的洞察力。要通过与学生沟通交流，及时把握学生的思想动态，了解他们的情感动向，提高工作的前瞻性；要充分发挥班委的作用，班委与同学朝夕相处，更容易沟通，能更加及时地发现问题，掌握同学内心想法，并能协助辅导员开展思想工作。

3. 做好宣传教育

运用真实案例对学生进行教育，使教育更具说服力。通过案例与理论的结合，对大学生进行心理健康教育和安全责任教育。充分运用社交媒体，线上、线下同步进行宣传教育，给大学生普及法律知识，同时提高他们遵纪守法的意识。引导学生树立合理正确的思想观念，消除他们的极端想法和行为。

4. 建立学生档案

建立重点关注学生档案，每月每周进行重点追踪，全面记录学生最新情况，掌握学生的思想变化和心理动向，及时有效地进行干预和引导，并将情况反馈给学生父母，实现信息共享，将可能发生的校园危机事件扼杀在萌芽之中。

5. 做实事后帮扶

危机事件解决后，要重视学生的帮扶工作。要与学生进行深入细致的谈心谈话，动之以情，晓之以理，打开学生心扉，了解学生真实所想，调查清楚学生失联的真实原因，做好后续的情绪安抚、心理疏导工作；要信任学生，对学生充满希望，不能因为特殊事件的发生而放弃学生；要耐心了解他们遇到的困难和问题，鼓励他们通过正确的途径克服困难，同时结合实际对他们进行帮扶，使学生的心灵和身体都在真正意义上回归校园。

作者简介

易凡，女，汉族，1981年4月出生，中共党员，法学硕士，副教授，国家高级职业指导师、国家二级心理咨询师。2008年9月入职山东科技大学化学与环境工程学院从事辅导员工作，现任山东科技大学化学与生物工程学院学生工作办公室主任兼团委书记。多年来，致力于探索"智育+体育"模式，着力构建"学风建设为主体，田径队建设为特色，新媒体思政教育为亮点，德智体美劳五育并举"的育人模式，并将其融入大学生培养全过程。2017年4月，开创个人公众号"若水后厨"，紧跟时代潮流，将其拓展为学校大学生思想政治教育的新平台。七年来，在学生工作领域深耕不辍，发表原创推送226篇，近百万字，在学生群体中获得一致好评。该公众号平台也于2023年9月获批"2023年度易班优质思政内容建设项目"。

辅导员工作感悟

十几年的辅导员生涯，是一段美妙的旅程，在这段旅程中，我用真诚和关爱走近学生，而学生也给予我尊重和支持，赠我以温暖和惊喜，让我深感幸运。十几年的辅导员生涯，也是一段教学相长的过程，在这个过程中，我从教师视角教给了学生一些知识，而成百上千的学生也从不同的角度给予了我更多的启发，我欣喜于学生的成才成长，也欣慰于个人的进步提升。我的职业理想是"做更多学生喜欢的辅导员"。这一点，从未改变；这一点，不会改变。

换位思考处理事故，做好与家长的沟通

周传义

一、案例基本情况

孙某，男，大一学生。2019年10月上午，该生在体育课上跑50米时，新鞋子不合脚导致其在起跑时鞋子掉落，身体由于惯性跨出，随后整个身体前倾，摔倒在地，任课老师第一时间拨打了120急救电话，送到医院进行救治。经医生诊断，该生为股骨粉碎性骨折，医生给的治疗建议是：植入钢板进行治疗恢复，钢板最好选用进口钢板，更有利于恢复，治疗费用预计5万～8万元。该生家在山东聊城农村，父亲为某工厂职工，母亲无固定工作，5万～8万元的治疗费用对于一个农村家庭来说是一笔不小的支出。

事情发生在上午10点多，学生父母从家里赶到青岛最快要第二天早上6点。由于学生的父母对该医院不了解，不敢轻易让自己孩子在异地住院。

二、案例分析及组织实施过程

1. 案例分析

本案例是辅导员在日常工作中常见的学生意外事故。学生在学校发生意外事故后，会面临以下几个方面的问题。

（1）学生身体健康问题。学生发生意外事故后，人身健康受到威胁，较轻的事故对身体健康的影响较小，若发生较大事故，则可能危及学生的生命。案例中，孙某股骨粉碎性骨折，为较严重事故，伤病的治疗结果、治疗后的恢复以及是否留下后遗症都是未知数。

（2）父母方面的问题。学生在校期间发生意外事故，学生家长对学校的态度对事件的处理结果至关重要。有的家长看到孩子出现意外事故，会失去理智，将事故责任全部归于学校，有这种态度的家长会给事件的后续处理造成麻烦；另一种家长比较通情达理，事件发生后，会综合考虑整个事件，积极配合学校工作，这种情况的处理会非常顺利。

（3）治疗费用的报销问题。学生发生意外事故后，治疗费用的报销比例是家长十分关心的问题，如果在异地治疗，报销方式会更复杂一点。案例中的孙某为大一新生，刚入学两个月，青岛地区的社保还未办理。所幸的是，已经入学的学生可以提前享受半年社保，这个政策帮助学生减轻了很大负担。

（4）学生耽误的学业、事件是否会导致该生产生心理问题以及该事件对其他同学的影响。① 伤筋动骨一百天，学生一旦发生较严重的事故，少则几天、多则几个月不能上课，耽误的课程怎么补；耽误的时间太长，是否要办理休学；如果事情发生在临近考试是否要办理缓考等。② 学生在无法上课的情况下，心理上会产生怎样的波动，是否会自暴自弃或灰心丧气等。③ 该事件对其他同学是否会产生不良影响。以上三个问题对于学生的心态影响非常大，是处理该事件时需要重视的问题。

2. 组织实施过程

针对该案例的几个问题，结合学校学生工作管理相关办法，将事件进行了以下处理。

（1）将学生的身体健康放在首位，及时进行救治。案例中，孙某发生意外后，任课老师第一时间将学生送到医院进行救治。我接到事故发生的消息后，及时赶去医院；在去医院的路上，把情况向院党委副书记进行了简单汇报；然后和班级同学一起，带着学生挂号、检查等。

医生初步鉴定需要住院后，我及时和学生家长取得了联系，征集家长意见是否马上办理住院手续，住院手续的费用加上初步治疗的费用共1万元左右。经过和家长沟通交流，决定办理住院手续（家长未提及住院费用，我决定先行垫付）。我和班长陪孙某完成后续的检查、输液，并负责晚上的陪护。

（2）及时与家长沟通，做好情况的说明及后续事件的处理工作。学生的父母赶到医院已是第二天早晨6点多，见到他的父母以后，将学生的情况进行了沟通，主动告诉家长学校的医保等相关情况。幸运的是，孩子的父母通情达理，态度比较友善，完全配合学校工作。

（3）联系学校资助管理中心，为学生的后续医保报销做好前期工作。由于新生没有社保卡，对于这种意外报销的情况，需要严格按照报销的政策准备相应的材料，特别是学生的意外伤害证明。

（4）安抚学生情绪，消除事件对学生心理产生的影响。事故发生后，及时找任课老师给学生请假，同时鼓励他的同学利用休息时间多和他沟通交流，不要让他有脱离集体的感觉。除此之外，为了不耽误太多课程，推荐优质的网课给学生看，不让他的学业受到影响。

（5）动员各班级召开班会，加强学生的安全教育，一方面避免学生安全事故的再次发生，另一方面可以疏导部分学生的情绪。

（6）学生出院后的费用报销及学业方面的工作。经过两周治疗，学生顺利出院，治疗费用6万元左右，按照学校资助管理中心给的报销流程，先出院不用结账，等到拿到医保卡以后再去结账（最后住院报销比例达到80%，但使用的进口药及进口钢板未给予报销）。学业方面，由于休学会耽误一年，经过与领导、老师和学生商议，决定让学生带着课本回家学习，学习过程中遇到困难及时和老师、同学沟通交流，期末考试时视情况决定是否办理缓考。

三、工作成效与启示

（1）学生在学校发生意外事故，要第一时间拨打急救中心电话，把学生的身体健康放在首位，不能耽误一点时间。因为在事故发生时，时间就是生命。这时候学生的父母不在身边，辅导员在条件允许的情况下，应该及时陪在学生的身边，做好登记、挂号等相关工作。在不耽误学生上课的情况下，最好让几名学生陪同。

（2）事故发生后，在去医院的路上要将事故情况给领导进行简单汇报，按照领导的指示，结合实际情况开展后续工作。在平时的工作中，要认真学习学校突发事件处理相关办法等文件，在最大程度上减少事件后续处理程序。

（3）注意和家长沟通的方式方法，及时平复家长的情绪。该案例中，要多站在学生及学生家长的角度考虑问题，和家长进行交流时，注意说话的方式，并且要将相关的政策文件等告知家长，在最大程度上打消家长的顾虑。

（4）平时要加强学生的安全教育，提高学生的安全意识，学会保护自己。

作者简介

周传义，男，汉族，1991年11月出生，中共党员，工学硕士，讲师三级。2019年8月入职山东科技大学地球科学与工程学院从事辅导员工作，现任山东科技大学地球科学与工程学院学生工作办公室副科级干部。考研成了本科毕业生的主要选择，针对当前学生"考研热"的现象，建立"党建引领团建，团员带动群众"的工作模式，在学生考研备考的过程中，积  极发挥优秀党员的模范带头作用，年级考研率达到56%，党员考研率达到86%。

辅导员工作感悟

因为热爱而选择，因为信仰而坚守。党的二十大报告中指出："全党要把青年工作作为战略性工作来抓，用党的科学理论武装青年，用党的初心使命感召青年，做青年朋友的知心人、青年工作的热心人、青年群众的引路人。"作为一名高校辅导员，要牢记立德树人的根本任务，引导学生坚定不移听党话、跟党走，怀抱梦想又脚踏实地，敢想敢为又善作善成，立志做有理想、敢担当、能吃苦、肯奋斗的新时代好青年。

有自杀史的学生考试作弊被发现，失联了怎么办？

韩雪丽

一、案例基本情况

李某某，男，20岁，山东省××市××县人，山东科技大学测绘与空间信息学院2018级本科生，该生学习成绩优秀，在某学生组织担任职务，工作积极，认真负责。

2019年×月×日，在我院入党积极分子考试中，该生作弊被老师当场发现。作为辅导员的我，很难相信他会做出这样的事情来，为谨慎起见，我第一时间找学生本人了解情况。当时，他的头发很长且凌乱，胡子多日没有刮，衣服已经好长时间没有洗过，精神状态不是太好。他对自己的作弊行为供认不讳，并表示也知道考试作弊的违纪后果。沉默了一会儿，他垂头丧气地说："最近做什么都不顺利，不想上学了，想退学。"当时，我感觉他肯定是遇到什么烦心事或者不顺的事情了。于是，我就给他倒了一杯水，请他坐下，从日常学习和家庭生活等方面聊起，一直谈到晚上9点多。慢慢地，他放松下来，敞开心扉说起自己的过往。谈心之后，我才得知他高中时曾有过自杀行为，并且最近有时不在宿舍休息，会找个学生办公室休息，或者找个楼道拐角处睡一晚上……

开导完并安排学生回宿舍后，我第一时间给学院党委副书记汇报情况，请教处理意见。吴书记建议，鉴于学生的精神状态不太好且有过自杀史，暂缓处分学生以免刺激学生从而产生不可预料的后果。同时，要时刻关注学生的情况，尤其是当天晚上是否按时回宿舍休息。晚上10点多，我给该生打电话没打通，当时我非常着急，便急匆匆地去宿舍找他。他不在宿舍，失联了。他舍友反映，当晚10点左右，他回宿舍拿了一件厚外套，然后就匆匆出去了。另外，他最近好像向一个女生表白但失败了。

随后，我立刻向吴书记汇报，并安排学生干部及该生舍友在校园里分头寻找……而我也在不停地打电话联系该生的同时，和吴书记一起在校园内找他。晚上10点30分左右，学生终于开机了，回消息说不用担心他，他没事。我和吴书记悬着的心终于落地了，我立马跟他打电话，劝说他告诉我自己的方位，直到晚上11点左右才找到他。当时，他正在学校西门的角落里，拎着一捆啤酒，已经喝了好几瓶了。冬天室外温度很低，我和吴书记经过长达半小时的劝说，才把他带到了团委办公室，并与他谈心。

二、组织实施

（一）考试违规后第一时间介入

在得知学生李某某作弊的事实后，我先与监考人员确认了信息，然后立即与该生取得联系，以面对面谈话的方式询问事情的起因、经过，梳理事情的始末缘由，为后续工作的开展打下基础。

（二）耐心倾听，多方了解学生思想动向

在与该生谈话的过程中，引导学生主动说出近期的思想动向，询问学生是否遇到了困难。倾听之余，我注意观察学生的异常表现，而对于其他事情的询问也让他放下了部分戒心，更加坦诚地面对自身问题。后来，在学校西门找到他时，该生状态不佳，正处于心理脆弱期，谈话时他总是躲躲闪闪、逃避问题，不愿意面对问题根源。在吴书记的鼓励与帮助下，我们逐渐与该生建立信任，使谈话内容更加深入，促使学生发掘问题核心——家庭暴力。原来他的父亲经常对母亲家暴，家庭生活不和谐，母亲在他高考结束后选择与父亲离婚，他无法接受才选择自杀，加上最近表白失败、考试作弊被抓等一系列"倒霉"事件，他觉得自己被整个世界抛弃了，已经处在崩溃的边缘，随时都可能爆发。

（三）及时反馈上报，持续跟进

与学生谈话后，我将事情经过与掌握情况简明扼要地向领导进行了汇报并请示处理意见。吴书记听取了我的汇报，经过慎重考虑建议暂不进行处分，并时刻关注学生情况，尤其关注他近期是否按时回宿舍休息。我立即响应领导提议，继续跟进学生的情况，随时与宿管、学生干部、宿舍舍长及同学、学生本人保持联络。

（四）发现异常后积极处理

夜间10点未能联系到该生后，我先与学生舍友及其同班同学确认情况，第一时间赶到学生宿舍并与吴书记汇报，领导持续关注该生动态，嘱咐我不要懈怠，抓紧时间组织学生干部及该生舍友分头寻找。半个小时过去了，学生电话依然关机，我们四处找寻未果，决定如果到晚上11点还找不到他就报警，并通过调取学校进出口监控寻人。同学们的积极响应加快了寻找的进度，而我在不停地打电话联系学生的同时，也跟随领导加入寻找的队伍中去。终于在20多分钟后，再次联系上该生。

（五）征求意见，妥善处理

学院自始至终坚持为学生发展着想的处理原则，在整个事件中我及时将掌握的情况上报。在学院领导的关怀和指导下，事情得以妥善解决，让初涉辅导员岗位的我受益颇深。

（六）有始有终，妥当善后

事情解决后，我及时与学生家长取得联系，告诉家长学生近期在校表现，提醒学生家长务必多关注该生心理变化，注意营造好的家庭氛围，通过家校联动，共同帮助学生从困境中走出来；在各层面开展自寻自查，再次开展各班级特殊学生调查等工作，摸排学生存在的各类问题；召开学生干部例会等，总结出现问题的原因，再次强调考试纪律、宿舍管理规定，关注心理异常学生并及时汇报等；学院领导也在每周一次的例会上进行了案例分享与经验交流，积累工作经验。

三、工作成效

（一）对学生个人及学生家庭

无论对于学生还是其背后的家庭，实现更好的发展是大家共同的愿望。经过大家的共同努力，该生目前情绪稳定，再没有出现彻夜不归、酗酒等情况，与周边同学的关系更加和谐，对于自身学习也有了更高的标准和要求，生活态度积极。当我再次见到该生时，其精神面貌有了很大的改变。家长也深刻意识到了家庭暴力等因素对孩子的不利影响，特别感激学院领导和老师对其孩子的关怀，学生家庭关系也更加和谐。

（二）对辅导员自身

此次事件的处理和解决提供了很好的学习范例，领导的工作方法也为我树立了榜样，使我有了更高的工作目标。经过梳理、复盘经过，我总结了以下几点工作启示。

1. 工作做在前，防患于未然

通过"家长—学生个人—同学"网络及时预警，尽快补救，平时工作要做到位，避免学生走向极端，给多方尤其是个人和家庭带来不必要的损失。

2. 学生思想学习，纲目并举

作为思想政治辅导员，我应该立足本职工作，对于学习和思想工作，两手都要抓好。学习是第一位的，但没有健康的思想和正确的价值观、人生观的指引，学生容易误入歧途。因此在工作中应该紧抓思想工作不放，及时发现不良苗头并尽快处理。

3. 工作踏实全面，探寻深层原因

实际工作中，我要戒除浮躁心理，以全面仔细要求自己，学生工作容不得马虎，应向组织领导学习经验，向资深辅导员看齐。在与学生谈话的过程中，既要把握分寸，又要主动引导，探寻问题深层次的原因。

4. 家校沟通，进退与共

很多学生个人问题都会涉及家庭，此时家长的积极参与是问题解决的关键所在，应该探索与家长的沟通、合作方式，努力实现学生可持续发展和多方共赢。

5. 提高业务能力，不断完善自我

我对工作始终报以热情，当已有的知识储备不足以应对新情况、新局面时，我会边工作边学习，补充教育心理学等相关知识，从先进工作案例中吸取经验，将理论知识与实际工作相结合，不断总结提升。

作者简介

韩雪丽，女，汉族，1991年11月出生，中共党员，工学硕士，讲师。2018年9月入职山东科技大学测绘与空间信息学院从事辅导员工作，现任山东科技大学测绘与空间信息学院学生工作办公室正科级干部。强化思想引领，所带党支部被评为校研究生样板党支部并验收合格；悉心指导学生，曾荣获山东省社会实践优秀指导教师、校级社会实践优秀指导教师、学生科技创新优秀指导教师等荣誉称号；工作勤恳踏实，曾负责学院的第二课堂、应征入伍、公寓建设及文艺活动等相关工作，取得较好的工作成效。

辅导员工作感悟

工作时间越长，越觉得自己需要学习的地方还有很多。我专门购买了十几本与辅导员工作相关的书籍，也喜欢参加辅导员微沙龙学习别人先进的工作经验和方法，争取让曾经犯过的错不会再犯。我相信，以一种清空自我的状态去学习，工作能力会很快得到提升。

思想理论教育和价值引领

新媒体环境下引导大学生树立正确价值观的思考

王鑫鑫 徐明磊

一、案例概述

小艺（化名），女，20岁，某大学汉语言文学专业大二学生，长相甜美，幽默风趣。进入大学以后，周围同学都积极投入丰富多彩的大学生活中，有的忙着参加学生会或者社团工作，有的忙着兼职打工，目标明确。小艺除了上课之外，整天待在宿舍，与舍友之间的共同话题也较少。小艺喜欢玩网络直播，自身条件和能力让她很快就在各网络直播平台中获得关注而成为"网红"。为了吸引大量粉丝并且赚钱，小艺每天花费大量的时间、精力在直播上，经常逃课，成绩直线下降。她觉得逃课不对，但是又不想"掉粉"，认为读书最终的目的也是找到一份工作，而做直播也能够赚钱，不想放弃。

二、案例分析及解决方案

（一）案例分析

随着智能手机的技术更加成熟、网络覆盖范围逐渐扩大，网络直播具备了软硬件基础。一个人，一部手机，就可以成为互联网世界的"主播"。小艺作为大二的学生，已经适应了大学的生活。她看着周围同学不是忙着学生会或者社团工作，就是忙着兼职打工，目标明确，自己却整天待在寝室，与室友之间的共同话题也比较少，感觉到孤单和迷惘。而网络直播却改变了她的状态，只要人们愿意看并愿意送礼物，主播就有收入，不但能赚钱，还能与网络上的朋友互动、聊天。小艺很快就被吸引，加入直播队伍中。小艺在直播时收获了"粉丝"，感觉"被关注"，感受到了"成功"。

综合来看，小艺沉迷于直播的根本原因是她在现实生活中感受不到他人对自己的关注，缺乏成就感。因此，如何引导高校大学生正确认识网络直播，如何正确处理虚拟与现实的关系，思考职业发展定位与人生价值实现等，都是值得深思的问题。

（二）解决方案

首先，了解清楚小艺做网络直播的真正原因、其网络直播的最大特点；其次，开诚布公，师生沟通交流对于网络直播的看法，理清利弊；最后，抓住"闪光点"，拨开迷雾，准确定位，让其在现实中获得成就感。具体实施办法包括以下几点。

1. 默默"点赞"，常关注

辅导员通过关注学生所在的网络直播平台，作为"粉丝"观看学生的直播内容，贴近学生，了解学生直播的内容、时间及其最鲜明的"卖点"。

2. 线上交流，促了解

小艺缺乏安全感，希望被关注，因此让她感受到辅导员在关注她、关心她是非常重要的。通过QQ空间、朋友圈点赞、留言等方式引起小艺的关注，再通过线上的聊天了解学生对于直播的想法以及目前所在平台对于主播直播的时间要求。

3. 线下沟通，解"死扣"

经过一段时间的线上交流后，与小艺进行面对面的沟通。开诚布公，从事实情况出发，分析直播的利弊，引导学生正确认识虚拟与现实的区别，明确当前最重要的任务是学习，在直播与学习发生冲突时要学会正确选择。

4. 朋辈引航，助疗效

学生在大学阶段碰到困惑、挫折时，多倾向于从朋辈那里获得他们需要的心理支持。辅导员通过舍友、学生干部、学生党员的正确引导，帮助小艺逐渐减少花费在直播或者网络世界的时间与精力，回归正常生活。

5. 专业引导，获共鸣

小艺做直播的优势主要在于其良好的语言、文字表达能力等。专业老师通过对其直播的镜头感、语言表达、直播内容的设计等进行专业的分析，增强学生对专业知识的学习兴趣，体会到专业学习的重要性。

6.搭建平台，助成长

直播吸引小艺的重要原因是成就感的获得。根据小艺表演能力、沟通能力强的特点，借助班级、学院的力量为其提供展现自我才能的平台，让其在现实的学习、生活、工作中获得成就感，弘扬中华优秀传统文化，同时帮助其做好职业生涯规划。

三、经验与启示

（一）因势而新，强化大学生理想信念教育

随着互联网的普及，大学生主要通过新媒体获取信息和沟通交流，这在很大程度上改变了大学生原有的交往方式、生活方式、思维方式及观念模式。而他们正处于世界观、人生观和价值观形成阶段，因此必须要加强大学生日常思想政治教育，强化大学生理想信念教育。辅导员可以通过主题班会、主题演讲和主题实践等教育活动，把广大学生的个人理想和中国梦的时代理想紧密结合起来。深入学生群体，与学生定期谈心谈话，引导大学生将社会主义核心价值观作为自己的价值追求。辅导员要让学生在日常学习生活中感悟、体验时代内涵，引导学生树立正确的价值观。

（二）与时俱进，提升高校辅导员媒介素养

面对大学生信息获取方式的巨大变化，辅导员的价值观念和思维方式也要随之转变，要充分认识新媒体在高校大学生思想政治教育工作中的重要性，主动加强学习，提高媒体运用能力。辅导员要及时把握学生对抖音、知乎等应用程序的需求变化，了解各类新兴的网络信息平台，熟悉网络语言的特点和规律，在日常的学生管理工作中，运用微信、QQ等应用与学生互动，融入学生中去，切实做好"把关人"。辅导员是高校学生日常思想政治教育和管理工作的组织者、实施者和指导者，要时刻保持高度的敏感性，了解网络、新媒体的新形式、新用法，与学生保持信息的一致性，并能运用线上、线下多种形式开展思想政治教育。

（三）以文育人，丰富校园文化，引领学生成长

将传统与现代渗透融合，丰富校园文化生活。新媒体时代的到来，给大学生思想政治教育带来了新的方法和勃勃生机，辅导员要利用互联网的便捷性、交互性、虚拟性等特点，为大学生思想政治教育注入双向多维沟通的活

力。通过网络平台适时开展传播正能量的网络文化活动，激发大学生积极参与的意识，提高思想政治教育效果。组织开展丰富多彩、格调高雅、健康向上的校园文化活动，让学生在各种活动中提升自身的专业素质和文化修养，促进他们更好地成长成才。

作者简介

王鑫鑫，女，汉族，1989年1月出生，中共党员，硕士研究生，讲师，全球职业规划师。2016年9月入职山东科技大学计算机科学与工程学院从事辅导员工作，现任山东科技大学学生工作部（处）教育管理科正科级干部。用心陪伴学生，与学生一起逐梦、成长。守初心，忠于职守，做学生思想的引领者；倾知心，用情用行，做学生成长的陪伴者；筑匠心，破茧成蝶，做学生逐梦的助力者。予明灯予翅膀，同追梦迎朝阳，凝心聚力，奋斗在育人育己的道路上，同心协力，打造山东科技大学"高铁动车组"。

辅导员工作感悟

不忘初心，方得始终。一代又一代大学生的成才路，是辅导员平凡的人生路。辅导员与各行各业的"工匠"一样，都是劳动者，都是为实现中华民族伟大复兴中国梦而努力奋斗的追梦人，我们的梦想就是为党育人、为国育才，培养出可堪民族复兴重任的时代新人。征途漫漫，唯有奋斗。坚定信念、积极进取、苦练本领、以德为先，在党的领导下勇毅前行，胸怀"国之大者"，甘当"能工小匠"，在新时代继续大力弘扬"工匠精神"，做辅导员中的"大国工匠"。

做学生知心人，当青年领路者

高 静

一、案例基本情况

张某某，测绘与空间信息学院测绘工程专业2016级3班学生。从贵州偏远贫困县来到山东科技大学学习，面对大学自由的学习环境，加之学生基础相对薄弱，自大二开始感觉学习吃力，经常旷课，多门科目挂科，缺乏学习的动力。我于2019年9月接管2016级学生，逐渐发现该生存在学习困难，经沟通后了解到，该生面对落后的学业十分迷茫和焦急，且对日后的就业没有任何规划。一是觉得自己还有未通过的科目，本科毕业都成问题；二是觉得自己没有一技之长，也不知道自己的兴趣所在，没有单位愿意聘用自己。对自己严重缺乏自信，感觉前途一片黑暗，个人发展无望。

二、组织实施

（一）案例分析

该生的主要问题是缺乏理想信念和社会担当。上大学以来该生对自己的学业和以后的发展没有明确的规划，对学习提不起兴趣，经常旷课，导致多门科目挂科。张某某来自西部偏远地区，当地教育较为落后，相比其他省份同学，其基础较为薄弱。在低年级阶段，课上多门课程听不懂，导致上课经常睡觉甚至旷课，迷恋网络游戏，有过放弃学业的念头。临近毕业，该生并没有准备求职简历，也没有了解过单位的招聘信息。通过与其谈心，他表示并不清楚自己的兴趣和特长所在，也不了解所学专业就业前景，对于毕业后从事什么工作没有太多想法，只要远离家乡，不再回到小县城即可。

该生在心理上较为敏感脆弱，不善言辞，有些自卑。经济上和学习上的困难使张某某在学习、生活上经常自我否定，认为自己是弱势群体而感到自卑。在校期间，与其他省份同学成长环境、教育环境的不同，较窄的知识面，学习上的困难加重了张某某的自卑感。

（二）解决方案

1. **主动约谈，认真倾听，筑牢信念**

第一次接触张某某时，他刚上大四，前期通过班干部了解相关情况后，我邀请他到办公室进行谈话，认真倾听张某某的一言一语，帮助其敞开心扉，缓解压力和不良情绪。张某某坦言，这里的生活质量和生活节奏与家乡完全不一样，刚上大学时很不适应。在青岛的这几年，他感受到了东部城市与西部贫困县之间的巨大差距，想过要努力学习，但是由于基础差、自律意识不强，与同学的差距越来越大。我首先以身示范，跟他讲述自己是如何度过大学迷茫期的，告诉他种一棵树最好的时间是十年前，其次是现在，只要想改变，当下就是最佳的时机。

第一次谈话后，我经常在线上和他分享近期国家在脱贫攻坚方面的重大举措，而且他所在的县城刚刚脱掉贫困县的帽子，正在飞速发展，鼓励他要抓住学习的机会，用自己的知识为国家建设贡献自己的力量，逐渐地促使他萌生努力学习，为家乡、为祖国建设做贡献的想法。

2. **沟通家庭，理性分析，采取措施**

张某某从小就是留守儿童，父母常年在外打工，他与姑姑一起生活。我首先与张某某的姑姑进行沟通，进一步了解他的成长环境，以帮助他更好地做好心理建设。随后与其父母联系，告知他们张某某的生活、学习和心理近况，并表示希望父母给予张某某更多的关怀。我与张某某的家人定期保持联系，与其交流张某某的日常情况，引导亲人正确面对，与我共同做好心理辅导、学业帮扶和思想政治教育工作。

3. **同学辅导，老师指导，加强帮扶**

张某某的心理压力主要来自学业，针对他的薄弱课程，我联系了专业课教师开展课余辅导，帮助张某某及其他学习困难的学生夯实专业基础，组建学习小组。小组内学生的学习水平相差不大，有助于这部分学生建立信心，提高学习积极性。同时，约谈张某某的舍友及同学，让他们在上课、自习时多多督促、带动张某某，帮助其提高自律能力，改善生活作息，改掉沉迷网络游戏的坏习惯。经过多方的共同努力，张某某最终通过了所有重修科目。

4. 跟踪观察，定期谈话，思想引领

安排学生干部和舍友长期关注张某某的状态，及时向辅导员进行汇报；定期约谈张某某，了解其日常学习和心理状态，在谈话中突出爱国主义和理想信念教育，激发其社会责任感和家国情怀，不断鼓励他树立自信心。张某某在努力追赶学习进度的同时还向党组织递交了入党申请书，并光荣地成为一名入党积极分子。在一次交流中，我们谈到了国家"三支一扶"、西部志愿者等一系列政策。我告诉他要努力实现人生价值，要经得住挫折，积极面对成长道路上的困难；要甘于奉献，积极服务人民；要愿意从最基层、最基础的工作做起，甘于到祖国和人民最需要的地方拼搏建功、报效祖国。他的情绪逐渐高涨，表示想支援家乡，为国家建设尽自己的一份力量。在一次次交谈中，我见证了张某某的蜕变，他由一个不善言辞、害羞腼腆的小伙子逐渐成长为一个有责任、有担当的男子汉。假期前，他兴奋地来办公室找我，对我说自己近期参加了贵州大学生联谊会，准备假期回乡给弟弟妹妹普及知识，让更多青年人参与到建设家乡的队伍中来。

三、工作成效

（一）创新工作思路和方法，帮助学生建立自我认知体系

辅导员最根本的任务是"育人"，校准学生的人生航向、坚守德育阵地是辅导员义不容辞的责任。在低年级阶段，学校往往会对学生进行心理辅导、生涯规划等集体教育，为大学生打开了一扇窗，但是窗后面的路依旧是模糊的。辅导员应当对大学生进行有针对性的引导，让其有明确的自我认知，增强社会责任感。及时掌握每个学生的思想动态，在发现学生的异常情况之后不要急于处理，要全方面地了解学生的具体情况，与任课老师沟通学生的上课情况和课堂表现，综合各种信息，然后再做出决策。制定相应的帮扶

方案，用实际行动帮助学生建立自我认知体系，引导他们科学做好人生规划，顺利走向社会。

（二）加强家校交流，多管齐下解决问题

辅导员必须具备四心：耐心、爱心、细心、关心。当问题出现时不能单靠自己的力量，首先，应该加强与学生家长的沟通交流，积极地联合家长的力量，进一步了解学生的成长背景，这样才能更有针对性、方法更得当地解决学生的实际问题。当学生遭受心理挫折时，最亲近的家人、朋友能够发挥巨大的作用，更好地给予他们鼓励和支持，帮助他们重新树立信心。其次，要和任课老师、班级学生干部、宿舍舍友等共同解决问题。本案例中，学生课程未通过，没有明确的人生规划，这时候只依靠辅导员和家长的帮助还不够，还需要联合专业课老师和同学的力量，多方位地帮助学生解决实际问题。

（三）守初心、担使命，努力提高学生的社会责任感和使命感

高校辅导员在工作中要把"立德树人""铸魂育人"放在首位，以钉钉子的精神领好任务、扎稳马步、练好内功。当代青年肩负着实现中华民族伟大复兴的历史重任，但仅有少部分学生立志报国，绝大部分学生像张某某一样处于"懵懂无知""浑浑噩噩"的状态，没有清晰的人生规划，没有明确的奋斗目标，这些学生是辅导员应该重点关注的对象。学生的价值观教育和引导是辅导员工作的重要内容，要采取春风化雨、润物无声的教育形式，激发学生的内生动力，培养学生积极向上的精神风貌，帮助他们树立正确的价值观。

作者简介

高静，女，汉族，1981年4月出生，中共党员，教育学硕士，副教授，国家三级心理咨询师。2006年7月入职山东科技大学地球科学与工程学院从事辅导员工作，现任山东科技大学土木工程与建筑学院党委副书记。创建土木工程与建筑学院"料立方"学生工作体系，凝聚多方育人合力，着力打造"信立方""创立方""职立方""行立方""心立方""寓立方"6个立方面，通过每个立方面3个不同育人维度之间的互促递进作用，达到思想政治教育成效远大于维度之间简单总和的效果。

辅导员工作感悟

既然选择了辅导员岗位，便只顾风雨兼程。辅导员的初心是立德树人，辅导员的使命是为国育才。在"世界百年未有之大变局"的背景下，辅导员要树立正确的历史观、大局观、角色观，因势而谋、因势而动、顺势而为，从量变到质变，创新思想引导的方式，全力以赴成长为"三全育人"的引领者、力行者、协同者、推进者、研究者和传播者，全面落实"立德树人"根本任务。

传承红色基因，砥砺青春前行*

樊玉华　耿　倩　宋　阔

一、案例背景

"青年者，国之魂也。"青年是新时代的生力军，是民族复兴的中坚力量。在世界多极化、经济全球化、文化多元化的时代背景下，各种社会思潮对青年大学生的理想信念、价值取向和行为方式造成严重的冲击。处在人生"拔节孕穗期"的大学生，知识体系尚未搭建完善、心智模式尚未发育成熟、价值观念尚未塑造定型，亟需给予正确引导和精心培育。处在大学生思想政治教育工作一线的辅导员，如何立足岗位主责主业，做好大学生政治思想的引领者、成长成才的助力者、健康安全的守护者；如何引导学生积极投身社会实践，在担当中历练，在尽责中成长，一直是我不断思索的重点工作内容。

2016年恰逢中国共产党成立95周年和红军长征胜利80周年，在一次学生干部工作学习研讨中，卢某对沂蒙精神的分享和交流引起了与会人员的共鸣，大家内心深受触动。当被问及对沂蒙精神等红色文化的认识后，大部分学生表示并不熟悉但很愿意去了解。学生干部尚且如此，更何况广大的普通学生呢？如何利用红色资源的人、物、事、魂等优质思想政治教育素材，用党的红色精神伟力去感染、启迪、教育、引导、激励学生坚定理想信念、传

---

*该案例荣获2020年山东省高校辅导员工作优秀案例三等奖。

承红色基因，不忘峥嵘岁月，走好新时代的长征路呢？思考着、探讨着、实践着，不断启发和打开了我的工作思路，开启了红色文化学习、研究和育人的新模式。

二、实施过程

1. 炽热的初心，重走红色足迹

课堂是开展红色文化教育的主要阵地，课堂教育是大学生思想政治教育的主要形式。但是，红色文化教育也需要实施"走出去"的策略，让学生通过实地参观、调研、体验，在各种实践性、情境性、体验式活动中了解红色革命故事、感悟红色精神、传承红色基因。2016年5月，在与卢某谈心中得知，他非常渴望暑期去革命老区参加社会实践，于是我鼓励他组建社会实践团队。高年级王某担任领队，和卢某、侯某等8名学生成立了"梦耀中华"红色实践团。团队立足山东省内红色文化资源，通过参观孟良崮战役纪念馆、大青山胜利突围纪念馆、沂蒙母亲纪念馆等对"水乳交融、生死与共"的沂蒙精神展开了研学，后又奔赴台儿庄大战纪念馆、济南战役旧址等地，通过参观红色景点、寻访革命老人，开展红色旅游、红色调研和红色宣讲等活动，追寻共产党人炽热的初心。

2. 信念的力量，传播红色声音

第一次暑期"三下乡"的红色实践经历，对"梦耀中华"实践团队的每一名成员来说都是一次身心的洗礼，革命人物对理想信念的执着追求、对党绝对忠诚的赤子之心、舍生取义的崇高气节以及报国为民的炽热情怀在他们心中烙下了深深的印记，激发了他们追求梦想的信念和奋发学习的动力。然而，团队的9名学生只不过是当代青年的冰山一角，如何进一步扩大红色社会实践的影响力，辐射更多青年大学生呢？

经过与同事和王某、卢某等多次探讨后，决定以红色社会实践为载体，以大学生党员、学生干部代表为骨干，开展红色文化宣讲活动，使更多人了解革命历史、坚定理想信念、激发爱国情怀、增强责任担当。因此，2017年"梦耀中华"社会实践团队正式更名为"梦耀中华"服务宣讲团，完成团队发展过程中的第一次变革。团队骨干成员结合自身实践经历和心得感悟，在校内外广泛开展"沂蒙精神进校园"等宣讲活动。同时，团队积极拓展线上宣讲模式。2019年10月，在校友王某的协助下，宣讲团与1800千米外的广东省罗经小学成功连线，开展了第一次线上网络直播宣讲，取得了很好的效果。服务宣讲团通过"线上+线下"相结合发挥最大作用，传播红色声音。

3. 精神的赓续，拓展红色意蕴

历史车轮滚滚前行，沂蒙精神也焕发出新的生机和活力。站在新时代新的历史起点上，我进一步思索着如何让大家更好地把握沂蒙精神的历史意义和时代内涵。2019年，为积极响应党中央"精准扶贫"的号召，我指导"梦耀中华"服务宣讲团走进乡村、走进企业、走进社区开展系列实践活动，成员积极地投身到社会实践中，发挥专业优势，通过现场调研、实地考察、自身实践等方式，以实际行动助力精准扶贫，服务乡村振兴战略，促进沂蒙精神与时代精神交相辉映。2020年，疫情来袭，沂蒙精神的璀璨光辉再一次在红色热土闪耀，彰显出跨越时空的永恒价值和强大生命力，再一次证明了它与时俱进的时代内涵。我以"凝聚榜样力量，争做抗疫先锋"为主题，指导"梦耀中华"服务宣讲团挖掘疫情防控期间涌现出的先进人物和典型事迹。团队成员采访了"抗疫女神"侯女士和"最美抗疫警察"李所长等榜样人物，并通过线上宣讲活动，让更多的青年学子了解抗疫英雄的先进事迹，从中汲取榜样力量，坚定理想信念，用实际行动弘扬和传承新时代的红色精神。

4. 星火的远方，燎原红色精神

"梦耀中华"服务宣讲团成立五年来，广泛吸纳人才，不断加强队伍建设，通过探索和实践，解决了一个又一个发展难题，培养了一批又一批优秀学子。为了更好地发挥团队成员的优势，促进团队更加稳定地发展，我为团队制订了下一个发展规划——星火计划。"梦耀中华"服务宣讲团的许多成员毕业后继续读研深造，至今已有多名成员在浙江大学、西安交通大学、哈尔滨工业大学、山东大学等高校攻读硕士研究生，他们在校期间都是品学兼优的学生，对团队、对母校、对红色精神都有着深厚的情怀。而如今他们每一个人就像是一点星火，已形成燎原之势，可以借助他们磅礴的力量，将"梦耀中华"服务宣讲团的初心传播到全国各地，通过高校间的合作，继续弘扬红色精神，传播红色火种，让红色基因薪火相传、血脉永续。

三、工作成效

1. 实践彰显育人效果，爱国情怀助就学子成长

"梦耀中华"服务宣讲团自成立以来，成员在实践中筑牢了理想信念的根基，明确了成长发展的目标，激发了砥砺奋斗的动力，实现了自身的成长成才。83名团队成员中有42名学生推免至浙江大学、西安交通大学、天津大学、哈尔滨工业大学等知名高校，有5人荣获山东科技大学"十大优秀学生"荣誉称号，12人获得国家、省政府奖学金。经过红色精神的洗礼和红色实践的锻炼，团队成员入党比例高达53%。"梦耀中华"服务宣讲团的红色社会实践取得了良好的育人成效，有效地推动了学生成长成才。

2. 成果备受社会好评，红色精神助力团队发展

经过团队成员多年的不懈坚持和砥砺奋斗，"梦耀中华"服务宣讲团获得山东省重点社会实践团队、山东省暑期"三下乡"优秀服务队和校品牌社会实践团队等荣誉称号50余项。五年来组织开展的社会实践活动累计参与人数达180余人次，团队成员足迹遍布临沂、枣庄、济南、青岛各地，寻访各类群体代表性人物30余人。宣讲团面向社会群众开展校外宣讲累计达50余场，受众超过1600人次；面向校内大学生开展宣讲累计达20余场，受众超过4000余人次。宣讲团实践活动先后被人民网、中青网、"学习强国"学习平台、《青岛晚报》等50余家媒体宣传报道，产生了良好的社会影响。

3. 文化反哺教师成长，实践探索助推成果产出

"育人者先育己。"在团队指导和发展规划的过程中，我牢记立德树人根本任务，主动学习红色文化，跟其他辅导员以及团队成员不断交流探讨，并坚持将工作实践和课题研究相结合，增强育人意识，提高育人本领。近年来，我主持省部级课题"山东红色基因传承与新时代高校学生党建工作融合路径与机制研究"一项，厅局级课题"青岛红色文化资源融入高校学生党建育人模式研究"一项。参与其他红色文化相关厅局级课题三项，发表论文6篇，实现了与学生共成长的育人效果。

作者简介

樊玉华，女，汉族，1983年2月出生，中共党员，工学硕士，副教授，国家高级职业指导师、国家三级心理咨询师。2011年8月入职山东科技大学机械电子工程学院从事辅导员工作，现任山东科技大学机械电子工程学院学生工作办公室主任（团委书记）。致力于弘扬科学家精神、创新精神和工匠精神，探索形成"红色匠心"育人理念。以红色教育为特色，构建"三维三度"思政育人模式，浸润匠心之根；以学涯领航为主线，探索"六位一体"学风建设"田间管理法"，赋能匠术之基；以无私奉献为基调，点燃青春梦想，传授匠人之道，培育出一批批又红又专的青年科技人才。

辅导员工作感悟

择一事，终一生，不为繁华易匠心，不舍初心得始终。作为一名工科大学生辅导员，要始终坚守为党育人、为国育才的初心使命。唯有俯下身子、沉下心来、交出真情，才能成为摇动学生的一棵树、推动学生的一朵云、唤醒学生的一个灵魂；唯有把辅导员工作视为一种事业、一种追求、一种信仰，永葆敬畏之心，高扬信念之帆，才能做学生最温暖的"燃灯者"；唯有怀"匠心"、铸"匠魂"、践"匠行"，将科学家精神、创新精神和工匠精神融入育人事业，才能培养造就出红专并进、堪当大任的时代新人。

呵护心灵，陪伴成长

张苏艳

一、案例基本情况

毛同学，男，四川乐山人，财经系金融学专业大四学生，由于父母离异，心情抑郁，经常旷课，终日沉迷电子游戏，存在厌学、厌世情绪。平时拒绝和同学交流，甚至与父母交流也仅限于索要生活费的时候。据他母亲反映，他平时基本不接父母电话，回消息也仅限于"嗯""哦"，不会超过两个字，显得特别疏离，为此母亲十分伤心。该生无论是在心理方面、学习方面，还是在家庭关系处理方面都存在很大的问题。

第一次见毛同学是一次去宿舍突击检查的时候，那次见面在视觉上和心理上都对我造成很大的冲击。他那天是旷课在宿舍打游戏，蓬头垢面，头发长得像野草，一米六多的小男孩，清瘦得已脱相，只有不到一百斤。桌子上的方便面盒和外卖盒堆成小山，他浑身散发着异味，仿佛是个野人。看着他，心里感觉异常酸涩。据毛同学自己陈述，他已经有好几天没出宿舍了，也有一个月没洗澡理发了。随后在和毛同学母亲沟通的时候，给她发了毛同学当天的一张照片，她瞬时流下了眼泪。看到孩子这样，任何一个母亲都无法淡定吧。同为母亲，更容易产生共鸣，使得之后和毛同学母亲的多次沟通都十分顺畅。

二、组织实施过程

1. 共情暖心，做好心理疏导

首先，以毛同学的兴趣爱好为切入点，和毛同学逐步拉近距离，建立信任。该生比较喜欢电脑游戏，就以我自己的孩子平时总是玩游戏不做作业这个问题为切入点，诉说自己的苦恼。毛同学也坦然说出了自己的真实想法，原来游戏只是表象，只是转移注意力、消除内心痛苦、麻痹自己的一种方式而已。该生的情绪问题主要是由原生家庭造成的，心结还在父母那里。

在一次次谈心谈话中，我耐心倾听毛同学的想法，让他把自己的苦闷和难过通通说出来。慢慢地，毛同学的心情不再像之前那样沉重。然后适时对其进行开导，引导他理解父母的不易，帮助其扫去心中的阴霾、走出人生困苦。

2. 改变自身认知，正确认识情绪

毛同学情绪问题的根源在父母身上，父母关系一直不好最终导致离婚对毛同学的负面影响很大。要引导该生正确认识自身的情绪，并尊重他人的选择。解决负面情绪的有效方法是转变自己的认知，积极地对待自己的正面和负面情绪。对于学生而言，积极的情绪管理能够让学生正确认识和评价自己，去接受生活中不完美的地方，比如家庭关系的不完整，并不断调整自己心态、努力提升自己。

试着引导毛同学从父母的角度出发，理解他们的无奈，如果性格不合适勉强在一起对彼此都是伤害，还不如成全对方也放过自己，且父母离婚对孩子的爱并不会有所减少。

3. 家校联动，构建多元化教育管理主体

由于学生的情绪除了受学校内的因素影响外，还受家庭环境的影响，因此不能忽视家庭教育在情绪管理教育中的重要作用。通过一次次与其父母沟通，毛同学的父母也意识到了家庭教育对于个体的成长意义重大，知道了孩子在学校的不良状态，也明白了错误的家庭教育方式会给孩子带来不良影响。通过积极引导父母参与其中，家校合作，共同努力改善学生的心理健康状态。有父母的干预，学生的情绪状态果然转变得很快，毛同学慢慢变得开朗了，爱笑了，这为其恢复正常的学习和生活状态奠定了良好的情绪基础。

同时，父母不仅要关注学生的心理问题，还必须积极反思自己的教育方式，根据新时代大学生心理特点学习科学有效的教养方式，而不再只是根据自己的经验和理解教养子女。毛同学父母的文化层次都不高，教育孩子的方式简单粗暴。通过沟通，父母都意识到了自己存在的问题，也改变了对孩子的态度和方式。

4. 多种渠道，多措并举，助力成长成才

一方面，安排舍友和学生干部多陪伴毛同学。安排同一个宿舍的郭同学在生活中多多关心毛同学。在每次上课前，其他学生干部会来宿舍约毛同学一起去教室，杜绝旷课行为的发生。另外，通过宿舍聚餐、舍友逛街、举办生日会等方式，营造积极乐观的氛围，帮助毛同学调节情绪。

另一方面，通过班级活动转移注意力。班里有团日活动、社会实践和志愿服务等活动时，嘱咐班长、团支书引导该生积极参与。通过参加有意义的社会活动，达到增强其自信心、转移其注意力的目的。

三、工作成效

（1）心理方面：通过心理疏导，毛学生除了能够正确认知和调整自身的情绪外，也能正确认识父母的选择并学会换位思考，提高了其控制情绪的能力。现在，毛同学可以正确看待父母的离异和再婚问题，可以理解父母的苦衷和不易，也明白婚姻要看缘分，要顺其自然。既然父母在一起不能幸福，就不应该剥夺他们各自追求幸福的权利，一直在争吵和冷战中度日对彼此以及孩子都是一种折磨。如今，毛同学能以平和的心态和爸爸、妈妈进行交流，也能理解妈妈再婚的决定，现在和爸爸一起生活，偶尔还会去妈妈家里待一段时间。

（2）学习方面：良好的情绪是学生取得好成绩的基础，积极向上的情绪有助于保持良好的睡眠，让人精力充沛、活力十足，思维才会更加活跃，记忆才能更为深刻，学习效果自然也会得到提升。毛同学一方面不再旷课，积极学习专业知识。另一方面，毛同学于大三上半学期就坚定了考研的想法并积极备考，最终以总分345分，高于学校复试线77分，排名第二的好成绩，如愿入围了杭州电子科技大学的数字媒体技术专业的复试，由一个成绩中下游的"学困生"一跃成为全班四位考研成绩过国家线的学生之一，目前正在信心百倍地全力准备复试。

（3）人际交往方面：我们虽然都是独立的个体，但是谁也无法脱离社会。尤其是在学校这样的场所，谁都免不了要和身边的其他同学有所接触，你能否控制好自己的情绪会影响人际关系的和谐程度。平稳的情绪能够营造一种和谐的人际交往氛围，从而促进同学和谐相处。对于学生而言，学会用欣赏的眼光去看待他人，用友善的态度去对待他人，更能赢得他人的好感，也更容易获得集体归属感。 如今，毛同学不再把自己封闭起来，可以和老师、父母、同学正常地沟通和交流。

作者简介

张苏艳，女，汉族，1982年12月出生，中共党员，法学硕士。2018年9月入职山东科技大学财经系从事辅导员工作，现任山东科技大学电气信息系学生工作办公室正科级干部。先后担任财经系2017级金融学、会计学、国际经济与贸易等专业312名学生以及电气信息系2021级电气工程及其自动化、通信工程专业186名学生的辅导员。

辅导员工作感悟

平凡工作见真章，恪守职责不敢忘。在学生工作中，我始终提醒自己，学生之事无小事，尽量做到事事有回应、句句有回答、件件有着落。工作中坚持以人为本、以生为先，贴近学生、贴近实际、贴近生活，着力提升思想政治教育的实效性和吸引力、感染力，努力促进学生健康成长、全面成长。引导学生在掌握专业理论知识的基础上，积极参与志愿服务和社会实践活动。指导学生会组织开展音乐节、系篮球赛、舞蹈大赛、美妆大赛等丰富多彩的文体活动，全面提升学生的综合素质。

"乡"伴青春，"育"见思政

——乡村振兴背景下校地共建实践育人案例分析

续琳琳　高一丹

一、案例基本情况

《高等学校乡村振兴科技创新行动计划（2018—2022年）》中指出，"围绕乡村振兴战略，结合科教兴国、人才强国、创新驱动发展等战略实施，加快构建高校支撑乡村振兴的科技创新体系，全面提升高校乡村振兴领域人才培养、科学研究、社会服务、文化传承创新和国际交流合作能力，为我国乡村振兴提供战略支撑"。党的十九大以来，党中央围绕打赢脱贫攻坚战、实施乡村振兴战略做出一系列重大部署，推进乡村振兴战略全面实施。山东科技大学经济管理学院实施服务乡村振兴项目，着力破解当前青年大学生在社会实践中缺乏联系国家发展战略的深入思考，探索乡村振兴与高校实践育人相融互促的新模式，在为乡村振兴注入"源头活水"的过程中，实现高校育人的"开源增效"。

经济管理学院服务乡村振兴项目以适应乡村振兴战略需求及推进学校和学院发展为目标，充分发挥党建引领作用和人才优势，坚持实事求是、问题导向，在战略研究、实践育人等方面与乡村振兴项目开展广泛合作，本着"优势互补、互帮互助、校地联动"原则，努力构建全面共赢、共同提高的实践育人新格局，助推学院思政工作和乡村振兴发展同频共振。

坚持工作系统化，抓好项目组织。学院坚持"按需设项、据项组团、双向受益"的工作原则，围绕乡村振兴，指导学生开展社会实践，引导教师开展科研活动，确保选题设计有特点、项目设计有特色，形成学院服务乡村振兴的系统工程。

坚持实践常态化，建立长效机制。加大对服务乡村振兴社会实践团队、工作典型的挖掘、宣传，形成良好氛围，充分发挥先进典型的模范带动和示范引领作用，激发青年学生积极参与服务乡村振兴项目的积极性，以校企合作、校地合作促进实践育人常态化机制的建立。

二、组织实施

围绕"'乡'伴青春，'育'见思政"主题，充分发挥经济管理学院学科优势，搭建校地联合发展、资源互通、共同育人平台。

（一）"共育"助力乡村振兴

坚持乡村振兴与学院立德树人相结合，以实践育人为载体，"共育"乡村振兴项目和学生社会实践项目。依托学院"乡村振兴志愿服务团队"，开展学业辅导、亲情陪伴、自护教育、科普教育、素质拓展等精准关爱志愿服务，通过社会实践促进崇尚科学的文明乡风的培育；围绕实施乡村振兴战略"产业兴旺、生态宜居、乡风文明、治理有效、生活富裕"的总要求，精心设计了"共克时疫，助力果农增销""党建引领'农业村'新发展——山东省济宁市汪东村石巷村振兴战略的调查""让葡萄'滚'起来——推动大泽山镇葡萄网络销售""走进未'莱'，奋力向'埕'——省级贫困村莱阳市埕头村脱贫攻坚成果调查研究"等特色项目，开展社会实践活动，引导学生党员主动参与服务乡村振兴战略。

（二）"同研"服务乡村振兴

发挥学院专业和技术优势，坚持实事求是、问题导向，针对乡村振兴存在的问题及难点，精准发力，组织学院专业人才成立乡村经济发展服务队，推动乡村发展与科学研究相互促进。聚焦乡村振兴，加强乡村产业体系、经营体系建设等重大、热点、前瞻性问题的理论及政策研究，为乡村振兴战略实施提供切实有效的理论支撑和决策咨询。

（三）"共建"实现融合发展

促进校地以"优势互补、资源共享"的"共建"方式实现发展良性互动、深度融合，努力共建深层次、常态化的合作关系，形成共生共荣的融合理念、共建共享的融合机制、互利共赢的融合格局，合力打造党建引领下的校地共建实践育人示范品牌。

三、工作成效

通过深入开展乡村振兴政策解读、战略研究、实践育人等工作，激发思政育人新活力，实现党组织有巩固、党员有提升、育人作用有发挥、校地有发展，为乡村振兴与高校实践育人相融互促开辟新路径。

（一）科技研究和社会实践齐发力，党员先锋模范作用明显增强

广大党员的主动性和参与意识进一步增强，脚踏实地、真抓实干的工作作风明显改进。学校对接泰安市宁阳县开展校地合作电商助农。其中，"果立成"实践团队与当地精准对接，帮助果农建立线上销售渠道，解决当地果农水果滞销的困扰。"动'农'实践队""岁稔年丰队""情系'那衣龙'"等社会实践服务团队，深入库山乡、那衣龙村等地，为当地种植业发展提供模式改良、解读脱贫攻坚政策服务。实践成果得到泰安电视台、大众网等主流媒体的报道，多个团队获评"山东省暑期三下乡社会实践优秀服务队团队""山东科技大学暑期三下乡社会实践优秀服务队团队"，入选"挑战杯"红色赛道山东省省赛，多名成员被授予"乡村振兴青春奉献志愿者""三下乡优秀学生"荣誉称号，实践项目受到广泛好评。

学生党员积极参与乡村振兴相关课题研究。围绕科技部西甜瓜产业技术体系建设要求，开展新冠疫情对山东省西甜瓜产业影响研究；围绕传统文化资本，研究对山东经济发展的贡献及作用机制；结合乡村振兴要求，针对汶上县物流园区发展情况制订《汶上县商贸物流区产业发展规划（2020—2025年）》；围绕统一战线要求，推进"乡村振兴攻势"统一战线助力青岛市农业现代化研究。同时，多位师生党员围绕农业绿色发展、农产品供应链风险管理、畜禽粪污处理、地域文化发展等开展相关研究。

（二）党支部凝聚力持续增强，战斗堡垒作用充分发挥

以社会实践、科学研究等为支点充分挖掘了党支部潜力，突出"实干实

绩"，构建了一支充满战斗力又颇具发展力的党员示范引领工作队伍。学院以学生党支部为基础，每年选拔、组建50余支社会实践团队，围绕助力脱贫攻坚、投身乡村振兴、参与志愿服务、共建乡村文明、青春返乡实践等主题开展活动，参与人次近400，每队均有学生党员参与或教工党员指导。实践地点覆盖黑龙江、内蒙古、江西、新疆、云南、陕西、山东等全国14省（自治区）40余市。低年级本科生通过组建团队、个人参与等方式参与社会实践，参与率超过90%。

（三）实践育人引领力不断提升，互利共赢协同发展

学院以乡村振兴促进校地共建实践育人，努力构建多方受益、共同提高的思政工作新格局，实现校地发展深度合作。2020年以来，每年形成社会实践报告及论文近30篇，实践故事20余篇，视频记录近30项，相关科研项目等近10项。其中，一项课题获评2021年山东省人民政府决策咨询研究重点课题，2位学生参与的课题分别获山东省委常委、青岛市委书记陆治原同志，青岛市市长赵豪志同志批示。学生在社会实践中感悟乡村变化，在变化中领悟国家战略发展，深入思考如何更好地以专业知识助力社会进步。学院积极开展校地、校企合作，与共青团日照市五莲县委、济宁市汶上县商贸物流区管委会、济宁市汶上县中都街道办事处、济宁市汶上县智谷信息技术有限公司、泰安天润草木农业科技有限公司等地方和企业开展合作，助力乡村振兴，强化实践育人。

经济管理学院将思政工作与国家重大发展战略相结合，积极探索推进服务乡村振兴与实践育人深度融合，积极服务地方经济社会发展，在取得良好的社会效应的同时，不断丰富和完善思政工作内涵，切实把工作抓紧、抓实、抓好、抓出成效，深度发挥实践育人在立德树人和服务社会经济发展中的积极作用。

作者简介

续琳琳，女，汉族，1992年3月出生，中共党员，管理学硕士，讲师，国家三级心理咨询师、全球生涯教练。2018年8月入职山东科技大学经济管理学院从事辅导员工作。曾获全国商业精英挑战赛优秀指导教师、2023年度优秀辅导员、大学生职业生涯规划优秀指导教师等荣誉称号。面对多变的形势和多样化的  工作，主动调整工作思路，聚焦关键节点、关键群体，因材施教、适时育人；注重朋辈引领，培养50余名主讲人，围绕思想引领、科技创新等多个主题开展宣讲100余场。

辅导员工作感悟

"实践观点是马克思主义哲学的核心观点。实践决定认识，是认识的源泉和动力，也是认识的目的和归宿。"辅导员工作要从学生中来，到学生中去，将工作实践转化为工作技巧和方法，在实践中不断打磨、提升工作技巧和方法，不断增强脚力、眼力、脑力、笔力，以火热实践练就过硬本领。

抓好"点线面"，非遗文化赋能特色育人

——以沿黄拾遗社会实践团队为例

曲 岩

一、案例背景

非物质文化遗产作为传统文化的重要载体，是世界各国各民族智慧的结晶和杰出创造力的集中体现，是一个国家、一个民族兴旺发达的文明标志与精神支柱。我国是一个历史悠久的文明古国，丰富多彩的非物质文化遗产是中华民族的宝贵财富，是我们建设社会主义先进文化的珍贵资源。党的十八大以来，习近平总书记高度重视文化遗产保护，多次做出重要指示批示。非物质文化遗产蕴涵着丰富的历史价值、教育价值、文化价值和科学价值等，它不仅有益于传承弘扬优秀文化传统和民族精神，促进中华民族共有精神家园建设，而且还有益于增强我国非物质文化遗产的吸引力和国际竞争力，从而提高中华文化的整体软实力。当代青年传承和保护非物质文化遗产，能够让广大青年坚定历史自信、增强历史主动，传承好以非物质文化遗产为代表的中华优秀传统文化，向世界积极传播中国独特的文化资源和精神追求，推动中华优秀传统文化薪火相传、生生不息，铸就社会主义文化新辉煌。2021年，我指导学生结合时代背景成立沿黄拾遗社会实践团队（原名赓承未来社会实践团队）。两年来，团队秉持"点上发力，线上连接，面上辐射"的理念，致力于传承和保护黄河流域非物质文化遗产，不断探索非物质文化遗产

传承的新路径，通过寻访非遗文化，开展非遗研学、推动非遗进校园等实践活动，着力打造非遗文化赋能特色育人品牌社会实践项目。近两年，社会实践活动被大学生网、网易新闻等各级媒体宣传报道10余次，实践团队获荣誉称号5项。

二、组织实施

（一）立足"根本点"，探寻文化之根

团队深入嘉祥县等地，收集和整理当地的非物质文化遗产名录，调研雕、鲁锦、鲁西南鼓吹乐、山东梆子、麒麟传说等国家级非物质文化遗产，参观非物质文化遗产展厅，共计走访非遗传承人6位，开展传承基地非遗文化研学6次，通过校地座谈、人物采访、"线上+线下"等方式了解当地非物质文化历史发展脉络、传承发展现状以及保护与传承过程中存在的不足与面临的困难，整合梳理相关数据，总结实践成果，并将实践结果以视频、文字的形式于团队宣传平台号、抖音平台、B站平台进行展示和分享。同时，为了更好地了解大学生对于非遗传承的认识，团队成员制作了调查问卷，并于实践过程中持续发放，在实践后期将问卷数据整理汇总，运用信度、效度检验等方法构建理论模型，分析总结出能够解决非遗当前面临问题的有效路径，向当地有关部门提出非物质文化遗产创造性转化、创新性发展的合理建议。

（二）开拓"创新线"，强化转化利用

习近平总书记曾指出："要加强对中华优秀传统文化的挖掘和阐发，努力实现中华传统美德的创造性转化、创新性发展。"历久而传的非遗文化也需要不断地创新来迎合时代的需求。团队结合"非遗+文旅"的文旅产业链条热潮，积极参与非遗产品的研发创新，通过创新设计等形式，提升产品附加值，将"鲁锦"等非遗文化作品转型为市场吸引力较强的文旅产品，实现社会效益和经济效益协调发展。此外，团队成员还在抖音平台、B站平台进行直播带货，介绍嘉祥县非物质文化遗产和相关产品，为非物质文化遗产发展注入了新的活力，为乡村振兴贡献青春力量。

（三）扩大"参与面"，推进非遗进校园

团队开设非物质文化遗产宣传视频号，每年假期都以"记录故事"为出发点，开展非遗系列社会实践，用文字记录非遗故事，用相机拍摄非遗纪录片，现已制作推广鲁锦、山东梆子等非物质文化遗产的宣传视频4部；以活动推介推进非遗文化进校园，实践团队先后举办"非物质文化遗产展览会""你听鲁锦说""非遗知识问答闯关"等寓教于乐、形式新颖的校园文化活动，推动非物质文化遗产在校园里"活"起来，努力在校园里形成保护非遗文化的良好氛围；开展非遗文化宣讲，实践团队面向中小学生进行有趣全面的宣讲，增加非遗的影响力，两年来，实践团队主要以线上宣讲为主，与聊城市、青岛市各地的中小学生一起云游国家级非物质文化遗产，感受深厚的东方文明。

三、工作成效

该非遗文化赋能特色育人项目虽实施时间较短，但取得了良好的育人效果，尤其是在强化青年学子自身建设、勇担时代使命、弘扬民族精神等方面起到了良好的促进作用。

（一）青年学子强化自身建设

通过开展探索和传承非物质文化遗产的社会实践活动，青年学子走进非遗文化，感悟中华文脉，增强文化自信，是对技艺之美、匠心之美再认识，对传统之美、生活之美再感知的有效尝试。有助于加深学生对中华优秀文化的认同感和自豪感，培养文化自信。学生通过深入了解非遗文化的内涵和特点，增强了对文化传统的认同和文化自信心。青年学子在实践过程中学以致用，在社会实践中丰富所学、检验所学，在实践中领会、体悟，增强服务社会、服务基层的意识，为其健康成长奠定了良好的基础。

（二）青年学子勇担青春使命

通过探索和传承非物质文化遗产的实践活动，青年学子化被动为主动，担负起传承好、发扬好中华优秀传统文化的重任，自发主动地推动优秀的非遗文化以润物细无声的方式融入青年一代的日常学习和生活，将其真正浸入青年一代的心田。

（三）青年学子实践成果丰硕

沿黄拾遗社会实践团队曾荣获校级重点社会实践团队、暑期"三下乡"优秀服务队和品牌社会实践团队等荣誉称号6项。宣讲团面向社会群众开展校外宣讲4场，受众超过600人，面向校内大学生开展活动5场，受众超过1000人次，备受校内外好评。团队事迹先后被大学生网、网易新闻等媒体宣传报道10余次，产生了良好的社会影响。

作者简介

曲岩，女，汉族，1995年8月出生，中共党员，法律硕士，讲师。2020年8月入职山东科技大学机械电子工程学院从事辅导员工作，现任山东科技大学机械电子工程学院学生工作办公室副科级干部。秉持"点上发力，线上连接，面上辐射"的理念，着力打造非遗文化赋能特色育人品牌，并有机融入大学生培养全过程；带领"沿黄拾遗"社会实践团队致力于传承和保护黄河流域非物质文化遗产，社会实践项目被大学生网、网易新闻等媒体宣传报道20余次，签约社会实践基地2家，开展传承基地非遗文化研学10余次，实践团队获荣誉称号10余项。

辅导员工作感悟

"辅以成长成才，导以做人做事。"辅导员的工作价值源于被学生真正依靠和需要的时候，源于学生放心伸出手让你去拉一把的时候。学会做一名有"温度"的辅导员，以恰到好处的"冷"和久有余温的"暖"做好学生工作，精细服务学生全面发展，深度融入学生成长过程，积极探索育人良方巧策，以大爱融化学生心中坚冰。能力源于实践的积累，梦想始于责任的担当。"路漫漫其修远兮"，在思政工作的春天里，作为"95后"辅导员，我将守一份信仰，抱一份情怀，上下求索，立德铸魂，为实现中华民族伟大复兴中国梦贡献力量。

"小社团"扛起爱国主义"大旗帜"

吴　昊　孙金香

一、背景

爱国主义是我们民族精神的核心，是中华民族团结奋斗、自强不息的精神纽带。习近平总书记指出："要把爱国主义教育贯穿国民教育和精神文明建设全过程。"山东科技大学成立国旗护卫队，以"政治立队、信念建队、纪律强队、文化兴队"为发展方针，始终以护卫国旗、弘扬爱国主义精神为己任，以大学生思想政治教育为切入点，以提升大学生综合素质为育人目标，通过搭建一个育人平台，完善组织、管理以及阵地三个机制，强化五项育人措施，建立"135"工作体系，不断将爱国情、强国志、报国行融入队伍的成长发展中，将爱国主义融入学生的日常学习生活中，立德铸魂、凝心聚力，突出育人实效性，国旗护卫队现已成为我校爱国主义特色育人平台。

二、主要做法

（一）完善组织机制，规范化管理

1.完善组织建设

成立队委和团支委，设队长1名、团支书1名，副队长4名，队员34人，配备专职指导老师2名。2021年，学校成立国旗护卫队党支部，将所有曾经在国旗护卫队训练过的党员纳入国旗护卫队党支部管理，构建"党—团—社团"

协同机制，打造"党团联动、资源联合、品牌联创""三联"模式，不断强化组织建设和政治引领。

2. 完善制度建设

在充分调研的基础上，修订了《山东科技大学国旗护卫队章程》《山东科技大学国旗护卫队奖惩制度》《山东科技大学国旗护卫队考勤登记制度》等规章制度，制订了队训、队规、队徽和选拔机制。制订训练计划，科学施训，规范管理，强化监督考核，促进工作制度化、规范化、科学化。目前，国旗护卫队主要承担学校重大活动礼宾任务、国旗文化普及、志愿服务、爱国主义教育等工作。

3. 完善阵地建设

在学生公寓内打造国旗护卫队之家，建立党史文化墙、中国精神文化长廊、国旗护卫队展廊等爱国主义教育阵地，在潜移默化中宣传爱国主义精神、传播红色精神，同时建立国旗护卫队文化工作室，开展党团活动和学习研讨等。另外，国旗护卫队充分利用泰山广场、运动场等场所，强化体能训练、升降旗训练等。

（二）强化五项措施，筑牢爱国主义教育根基

1. 开展红色教育活动，厚植爱国情怀

举办我与国旗同框、国家公祭日纪念活动、参观雷锋纪念馆、国护体验周、国旗下的演讲、观看爱国主义影展等丰富多彩的红色活动，深入挖掘重大纪念日、重要事件蕴含的爱国主义教育元素。将抗击疫情与新时代爱国主义教育贯通起来，聚焦一线医务人员事迹，开展"众志成城，抗击疫情"主题线上升旗仪式，弘扬抗击疫情的中国精神，涵养意志品质，进一步增强大学生的政治认同、思想认同与情感认同，内化于心、外化于行，激励学生把爱国主义思想全面融入个人学习生活中，在学习实践中练就过硬本领，以实际行动服务社会、报效国家。

2. 强化教育实践，传承红色基因

开展周末红色影院、诵读红色家书、重走长征路等活动，将爱国主义教育融入日常思想教育中，引导大学生以寓学于游的方式重温红色记忆，传承

红色精神，增强爱国主义精神和国防观念。举办"国旗在我心"国旗法宣讲活动，普及国旗法、国旗文化知识，引导大学生守国旗法、敬国旗、爱国旗和时刻维护国旗的尊严。参与学校新生军训工作，指导新生开展队列训练、内务整理等活动。

3. 强化日常训练，助力征兵国防

训练方法和队伍培养以天安门国旗护卫队为蓝本，多次到天安门国旗班、北大国旗班进行现场学习。通过老带新、集中训练和分散训练相结合、举办换届仪式等多种方式，做好迭代传承。为完成每年600余次升降旗任务，国旗护卫队年均训练时长达540小时。严格的训练不仅增强了队员的身体素质和军事技能，塑造了不怕苦、不怕累的钢铁般的意志品质，而且激发了学生热爱军营、崇军爱国、献身国防的情怀，先后有15名国旗护卫队队员投身军营。

4. 深化合作交流，传递爱国精神

加强对外合作交流，相互取长补短，先后与北京大学、中国石油大学、临沂大学等其他高校国旗护卫队开展交流活动30余次。开展"大手拉小手"活动，指导实验中学、下庄小学等5所中小学国旗班建设；承担青岛市"未成年人向国旗敬礼"等重大活动升旗任务6次；联合天津大学等国内十余所高校开展"喜迎二十大，红旗永飘扬"主题升旗仪式接力活动。受邀参加山东省升旗手交流展示、西海岸新区庆祝中华人民共和国成立70周年升旗仪式、西海岸新区庆祝中华人民共和国成立71周年升旗仪式、黄岛区机关运动会开幕式等以及学校各种重大活动礼宾、升降旗活动，每年受众5万余人。

5. 建强宣传阵地，凝聚奋进力量

在建好国旗护卫队官方微博、官方QQ宣传阵地的基础上，借助学校官网、学院微信公众号、学院官网和易班等阵地，弘扬爱国主义精神，传递爱国主义正能量，凝聚奋进力量。截至目前，国旗护卫队官方微博、官方QQ发表推文1200余篇，访问量达16万余次，"学习强国"APP、青岛开发区电视台、鲁网、山东科大报等媒体对国旗护卫队做过专题报道。

三、实际成效

（一）立德树人效果突出

至今，山东科技大学国旗护卫队已走过了21个春秋，累计培养了国旗护卫队队员600余人。先后有15名学生响应国家号召入伍，2人成为西部计划志愿者。近三年，有50余名学生考取了北京大学、同济大学、北京师范大学、中国矿业大学等高校研究生。党支部获评山东科技大学样板党支部，连续3年被评为五星党支部，党支部书记抓党建述职评议每年均为"好"（最高级）。团支部和社团曾获评全国高校优秀社团、全国践行社会主义核心价值观示范团支部、山东省五四红旗团支部，连续9年获评山东科技大学十佳社团等荣誉称号，社团事迹被"学习强国"APP、新华网、《人民日报》等媒体报道。

（二）先进典型不断涌现

段依妮，成绩优异，在校期间获全国三好学生等荣誉，被推免至北京大学直博；徐越，作为标兵参加中华人民共和国成立70周年阅兵庆典任务，获中国大学生自强之星、全国大学生就业创业典型人物等荣誉称号，当选共青团山东省第十五次代表大会代表；潘述铃，在校期间获得实用新型发明专利授权6项，被推免至北京大学直博；左欣，曾获学校十大优秀学生荣誉称号，被推免至中国科学院直博；陈建军，在校期间勇于创新，曾获全国高校GIS技能大赛特等奖，毕业后响应国家号召参加西部计划，到新疆基层志愿服务；孟庆港，退役复学后刻苦学习，以第二名的成绩考入北京大学；孙楷汶，曾担任院学生会副主席，曾获得多项省级及以上奖励；陈林林，退役复学后，积极参与学校国防教育和新生军训工作，毕业后选择二次入伍。

四、工作启示

（一）要注重传统继承与创新

队伍建设中，要紧紧围绕立德树人的根本任务，弘扬正气，传扬爱国主义精神；深化日常训练和实践锻炼对学生身心的影响，使这种吃苦耐劳、不怕困难、甘于奉献的精神，逐渐外化为学生的自觉行动；博采众长，集思广益，吸收借鉴其他高校国旗护卫队建设的先进经验，创新工作路径，提高学生参与度，提升影响力。

（二）要注重制度建设与完善

规范管理，完善队员选拔、训练、活动等制度，合理安排训练时间和活动内容，注重效果和质量，使队员选拔更合理规范、训练更科学高效、活动更规范有序。完善考核评价机制，在评奖评优、组织发展等方面在制度上适度倾斜，建立吸引人才和队伍建设的有效机制。

（三）要注重思想引导与示范

加强学生思想政治教育，教育引导学生端正态度，内强素质、外树形象，营造良好风气，维护好国旗护卫队品牌。创新活动形式，继续办好"国护体验周"，让更多学生接触、了解国旗护卫队，塑造新形象，提高影响力。加强国旗护卫队指导教师的培养，不断提高其业务能力和带队伍水平，以学识品行感染学生，以扎实的业务指导学生。

（四）要注重条件建设与保障

目前，国旗护卫队的硬件设施配备不足，尤其是服装、枪支、场地、训练器材等的投入保障力度不够，学生的训练和展示受到一定影响。鼓励学生在节约、节省、物尽其用的前提下，克服困难、立足现有、有所作为。下一步，学院将加大投入力度，在保障训练时间、学生考评、场地设施、服装器材等软硬件的基础上，不断改进条件。

作者简介

吴昊，男，汉族，1978年8月出生，中共党员，硕士，讲师。2002年7月参加工作，从事学生工作20余年，2019年4月起从事辅导员工作，现任山东科技大学测绘与空间信息学院党委副书记兼副院长。爱钻研，牵头研发的家庭经济困难认定系统在全省高校推广使用；抓创新，构建"178（一起吧）"育人体系，所带学院获评"三全育人"综合改革重点建设学院；求实效，以学生公寓为阵地，打造公寓"家和"文化和公寓思政阵地，实施公寓楼层长制，打造"绘·青春"学生社区驿站，学院获评学生公寓安全文明管理工作先进单位、学生公寓文化建设工作一等奖；重示范，打造国旗护卫队文化品牌，建立党员先锋岗和学生党员星级评定机制。

辅导员工作感悟

没有爱的教育，宛如无水池塘，终将群鲜枯竭。高校辅导员是学生的知心朋友和人生导师，承担着思想引领、职业规划和心理辅导等重要职责。青年学生正处于人生的"拔节孕穗期"，其成长情况好不好，"人生第一粒扣子"扣得准不准，"幼苗"墩得壮不壮，辅导员作用的发挥都非常重要。辅导员要秉持一颗"真心"立足岗位职责，带着一片"真情"去关照学生，用"真爱"去感召学生，用"真行"去帮助学生。用爱浇灌教育之花，用情培养栋梁之材。

深入学生"主场"，打通育人"最后一公里"

——"宿舍下午茶"对话交流活动的探索与实践

张　翌　王贝贝

一、案例基本情况

当代大学生的价值观整体呈现积极健康的状态，符合社会主流价值导向，但少数学生易受西方意识形态的影响；绝大多数学生三观基本成型，价值取向积极向上，但部分学生存在利己主义倾向；绝大多数学生对未来心怀希望，人生态度整体上积极乐观，但部分学生抗压能力较弱，专业认同感较低，在校生中有明确职业规划和就业意向的不足半数。

A宿舍为男生宿舍，成员相处和谐、氛围融洽。大一时，5名成员成绩位于中游，1名成员成绩较差。大二时，6名成员经常组团打游戏到凌晨。由于睡眠不足，白天上课精力无法集中，学习状态较差，翘课时有发生，6名成员成绩集体下滑至班级下游。

学生小麦，男，维吾尔族，来自新疆的小乡村，家庭经济困难，家庭收入来源主要是政府的最低保障金。该生普通话不熟练，上课经常听不懂，学习缺乏动力，挂科课程较多，不知道自己毕业后该做什么、能做什么。但他性格活泼开朗，喜欢唱歌，擅长体育运动。

学生小王，汉族，来自宁夏银川，独生子，父母经商，家庭条件优渥。该生认为学习无用，专业认同感不足，学习动力欠缺，经常逃课，挂科课程较多，对未来没有明确的规划，常把"大不了回家跟家人经商"挂在嘴边。

二、组织实施过程

2018年，山东科技大学土木工程与建筑学院（以下简称"学院"）以开展"大学习、大调研、大改进"活动为契机，带着"如何提高思政教育针对性和深入度？""什么样的环境能让学生愿意敞开心扉？""学生愿意参加什么样的活动？"等疑问，深入学生群体，广泛开展调研。根据调研结果，学院决定以学生宿舍为根据地，启动"宿舍下午茶"对话交流活动，打通育人"最后一公里"。

（一）加强思想政治教育，强化思想引领实效

学院依托"宿舍下午茶"对话交流活动将理论宣讲送进宿舍，送到学生身边。邀请领导、老师结合党史学习教育、新冠疫情、中美发展等国内外大事件，为学生代表讲明立场问题的重要性、讲清坚守什么样的立场、讲实如何做到立场正确。在党的二十大胜利召开后，学院党委书记与两个新生宿舍一起参加对话交流活动，师生分别阐释自己对二十大精神的思考，对于不成熟、不完善的地方展开讨论，促使师生进一步理解和领会党的二十大精神。

（二）增强学生专业认同，加强职业规划指导

针对学生专业认同感低这一情况，围绕学生最关心的"就业"话题，学院分批邀请专业教师、优秀校友、企业HR等做客"宿舍下午茶"对话交流活动。交流中，学生一一讲述对专业的认识和对未来的期望，提出当前困惑和问题；专业教师对专业源流、专业构造、学科前沿、发展前景等详细介绍，帮助学生解决专业学什么、怎么学的问题，根据行业特点和往届学生发展情况提出职业规划建议；优秀校友和企业HR结合自身经历，从"双碳目标""海洋强国"国家战略、"十四五"规划等方面分析行业前景，为学生答疑解惑，鼓励学生将自身成长和国家发展相结合，担负起学子的使命，为全面建成社会主义现代化强国贡献青春力量。

（三）关注重点学生群体，用心用情解决困难

在"宿舍下午茶"对话交流活动中，每位学生都有发言的机会。教师根据学生发言内容和状态，了解学生的思想、心理状态和学习、生活情况，用真心、细心、爱心关爱学生在校衣食住行等方面，全力解决学生提出的实际

问题。学院现有少数民族学生128人，维吾尔族、藏族学生居多，像案例中的小麦这样学习基础薄弱、生涯规划不够明确等的学生不在少数。学院多次邀请少数民族专职辅导员、新疆内派教师和少数民族学生参加"宿舍下午茶"对话交流活动，围绕"少数民族学生成长成才"这个主题进行交流。通过师生间、学生间面对面的交流，倾听少数民族学生的心声，了解他们的困难和需求，借助老师和朋辈的力量帮助他们更好地适应大学生活和成长成才。

三、工作成效

2018年至今，"宿舍下午茶"对话交流活动已举办了上百期，已成为学院思政工作品牌活动。活动主题从专题调研到理论宣讲，从应征入伍到基层就业，从新生入学教育到职业生涯规划，先后邀请学校、学院党政领导，专业课教师，行业精英，优秀校友等百余人参加。在轻松愉悦的氛围、在师生欢声笑语中实现师生双向赋能，推动"三全育人"改革向纵深发展，切实提升人才培养质量。

（一）思想引领成绩突出，"头雁"领航"群雁"飞

A宿舍多次参加活动后，整体学习氛围明显改善，不仅将打游戏时间固定在周末，还彼此督促和监督学习。毕业时，该宿舍1人保研，2人考研上岸，3人签约就业单位。在一次关于就业的对话交流活动中，辅导员为学生小麦讲解了毕业生应征入伍政策，鼓励学生到祖国和人民需要的地方做贡献。小麦于2020年毕业时参军入伍，目前在部队已被提干。自2018年以来，学院毕业生基层就业人数持续增加，自发到家乡、到基层一线建功立业。

（二）专业认同显著提升，培育匠心"栋梁材"

结合学生小王讲述的自身情况和想法，系主任为其"量体裁衣"，并持续关注其发展。多次参加对话交流活动后，小王认识到自身价值观的偏差，专业认同感不断增强，学习成绩持续提高，不仅将之前落下的课程全部重修通过，还在大四签约了中铁一院集团山东建筑设计院有限公司，立志成为一名有"匠心"的土建人。自2018年以来，学院毕业生升学率平均每年上涨3.5个百分点，95%以上的毕业生对职业发展有明确规划。

（三）石榴"红"映少年心，携手共绘同心圆

在对话交流活动中，辅导员多次鼓励学生小麦参加歌唱比赛，展现自己

的才华。在一次次比赛和对话交流中，小麦越来越有自信，越来越开朗。在校期间，小麦获得山东省少数民族励志奖学金、青岛市国际大学生歌手大赛十强、西海岸新区大学生音乐节冠军等校级以上奖项十余项。2018年以来，越来越多的少数民族学生成为标杆和榜样——获得山东省大学生青春贡献奖、创立青岛海上丝路食品贸易有限公司、获山东省第十六届大学生运动会足球比赛亚军……

四、经验启示

（一）打造公寓育人阵地，提升思政工作效果

公寓是在校生学习生活和交往交流的重要场所，是日常教育管理过程中最基础的单元，是高校思政工作的重要阵地。要完善长效机制建设，持续推进教育活动进公寓，加强宿舍阵地思想引领建设，搭建思政育人平台，探索公寓育人新思路，打造宿舍文化建设品牌，打通三全育人的"最后一公里"。

（二）抓住关键时间节点，加强思想政治教育

要因时而进、走进学生，既要抓住关键时间节点，跟紧学生的学习、生活、娱乐活动，也要把握时代环境背景，将个人成长融入国家发展大势。要紧扣学生特点，在学期始末、困难关头、迷茫之时给予帮扶，在求学、择业、新生适应等现实问题上提供指导，在学生人生十字路口、关键决策节点上讲道理、摆事实，做好引导，起到培根铸魂、启智润心的效果。

（三）构建全员育人机制，激发师生内在动力

树立全员育人的"大思政"理念，强化立德树人的"共同体"意识，聚焦思想政治工作"有形、有感、有效"与"润物细无声"相结合的要求，融合领导干部、思政课教师、辅导员、专任教师、优秀校友、关系单位等多方资源，着力打造同向而行的全员育人体系。

（四）围绕重点关注学生，夯实精准帮扶举措

做好思政工作，聚焦的是学生的思想和行为，立足的是学生的生活和学习实际，解决的是学生实实在在的问题。在日常工作中，把握少数民族学生、心理问题学生、学业困难学生等重点群体，精准发力，将解决学生实际问题与思想问题相结合，将指导学生个体问题解决和群体问题解决相结合，将引导学生自身成长和服务社会相结合。

作者简介

张翌，女，汉族，1993年10月出生，中共党员，理学硕士，讲师。2018年9月入职山东科技大学土建学院从事辅导员工作，现任山东科技大学土建学院学生工作办公室正科级干部。创新校友育人模式赋能思想政治教育，成立"斜大一家亲，土建一家人"校友工作专项小组，开展"寻雁计划"（参观校友企业、重走校友足迹、寻访校友等）和"归雁计划"（邀请校友到校做讲座、担任生涯导师等），挖掘优秀校友资源，助力在校生成长成才。

辅导员工作感悟

学生是辅导员的镜子，也是辅导员的影子。镜子正面照，影子回头看，镜子看四年或者三年，影子随一生。辅导员的九大职责约等于无限责任。作为高校辅导员，要围绕立德树人根本任务，坚守做学生成长路上的"引领者、助力者和守护者"这一工作目标，以信念引领为出发点，以实践提升为着力点，以倾情育人为立足点，紧抓三点，扮好三者，把辅导员当事业干，把学生当亲人看，践行"潜心躬耕，坚守初心"的育人理念。

从"快、准、稳"的网络舆情处置看高校辅导员工作

范俊峰　孟庆祥

随着自媒体蓬勃兴起，网络舆情引导应对日益重要。高校辅导员既是网络舆情的"哨兵"又是网络阵地的"战斗员"，肩负着网络舆情引导、思想教育和价值引领的重任。

一、案例基本情况

（一）案例概述

2022年6月，临近学期末，各科目结课考试陆续到来，受学校驻地新冠疫情波动影响，微博超话、百度贴吧出现对疫情扩散影响暑期安排的担忧以及"呼吁缓考"等相关讨论，我们实时关注网络舆情的动向。突然，微博超话接连出现的几条满是脏话的动态引起我们注意，通过对其语言特点、内容进行分析，确定了发帖学生是本学院的学生，并通过手机型号比对分析，确定为2020级学生，主要学生骨干第一时间找到了消息来源，精准找到了发帖学生，控制了舆情发展，防止了事件恶化。经了解，该生由于考试压力大，加之受网络"缓考"舆情影响，无心复习，出于跟风和宣泄的目的，在网上不停发帖，恶意诋毁学校和吐槽老师，并在评论区煽动其他同学，造成了不良影响。

发帖人基本情况：张某，男，大二学生，性格内向，不善表达，有心事不愿向身边人透露，所在班级成绩优异，但张某自律性差，学习成绩中等，

父母对其期望较高。

（二）案例定性分析

这是一起典型的思想理论教育和价值引领范畴内的网络舆情处置案例。

（三）问题的关键点

（1）"快"是前提，要深入了解舆情，第一时间发现舆情。

（2）"准"是根本，要找准源头，精准控制舆情。

（3）"稳"是关键，要冷静应对，约谈了解事件概况，删帖后耐心与学生交谈。

（4）厘清学生发帖原因，明晰问题解决思路，引导学生认识错误，帮助学生尽快调整状态，修正错误观念。

（四）原因分析

1. 外部因素

（1）家庭影响。张某家庭比较贫困，父母对其期望偏高，经常拿亲戚、邻居家优秀的孩子与其作比较，这不仅给其带来较大压力，也无形中使其产生逆反心理。

（2）环境影响。张某所在班级、宿舍成员的学习能力和成绩都强于张某，临近考试，周围同学全力以赴复习，成绩稍差的张某感到压力较大，并逐渐产生焦虑，陷入了"焦虑—低效—焦虑"的恶性循环。

（3）疫情影响。疫情形势较为严峻，长时间封校影响了张某的情绪，加之改为线上教学，张某上网课自律性较差，学习效果欠佳。

（4）舆情影响。在各科目结课考试陆续到来之际，部分排斥考试的学生不断发帖，在微博超话、百度贴吧"呼吁缓考"，迎合了张某的处境，加之跟风心理作祟，张某在网上肆意谩骂、吐槽，宣泄自己情绪。

2. 内部因素

（1）个人性格。张某性较内向，有心事不愿向身边人透露，虽然学习成绩一般，但也会暗自和周围同学进行比较，表面上给人的感觉是内向、文静、乖巧，实际上有较强的逆反心理。

（2）认知偏差。张某不能正确对待学习和考试，认为自己的学习压力全是疫情导致的，没有认真考虑自身的原因，怨天尤人。张某没有意识到网络不是法外之地，没有正确认识不良网络言论的影响和危害。

二、组织实施过程

（一）解决思路

第一时间约谈张某，耐心倾听，了解事情真相，先把帖子删除以控制事态发展。深入了解张某近况，明确发帖动因，找准问题症结，通过耐心交谈和教育，引导张某认识其错误行为，帮助其调整状态，释放负面情绪。帮助张某认清事实，培育良好心态，并持续关注张某表现，帮助其在学业上取得进步。

（二）处置过程

1. 实时关注，找准源头

作为网络舆情的"哨兵"，网络阵地的"战斗员"，辅导员时刻关注网络舆情动态。第一时间发现了所带学生的恶意发帖，通过对帖子和评论区内容进行分析，通过手机型号比对和点对点摸排，不到20分钟，精准找到了发帖的学生，为控制舆情、防止事件恶化争取了时间、提供了前提条件。

2. 及时约谈，控制舆情

确定发帖人后，为保护张某隐私，要求张某所在班级的班长对此事严格保密，同时第一时间约谈了张某。见到张某，我开门见山地询问了发帖一事，张某承认发帖事实后，要求其先将帖子删除，并告知他的行为所造成的不良影响，有效避免了舆情进一步扩大。

3. 耐心交流，分析问题

《普通高等学校辅导员队伍建设规定》强调："辅导员应当努力成为学生成长成才的人生导师和健康生活的知心朋友。"以倾听为主，询问张某最近的学习和心理状态以及发帖原因。通过耐心交流，站在父母的角度，引导张某正确看待和理解父母望子成龙的心情；站在同学的角度，引导张某将自己和周围同学的对比由阻力化为动力；站在张某的角度，引导其摆脱疫情封校期间的焦虑情绪，并告诉张某要学会寻求老师、同学的帮助；站在学校的角度，引导张某理解师生在疫情严峻形势下的付出与不易；站在辅导员的角度，分析张某发表的不当言论所造成的不良影响，引导张某认识到自己的错误行为。帮助张某认清事实、自我反省、调整状态、释放压力，恢复良好的复习状态。

4. 长期跟踪，追求实效

本次网络舆情处置及时，有效控制了舆情进一步扩大，也消除了张某紧张、焦虑的不良情绪。在事情得到解决后，我经常通过多种方式了解张某的情况，及时掌握其思想动态。同时，经常鼓励张某，帮助张某释放和缓解压力，给予他更多向上的力量，增强他的心理素质。

5. 总结反思，防微杜渐

本次舆情事件不是单方面原因造成的，而是由外部、内部众多因素叠加导致的。

从关心关爱学生健康成长的角度，辅导员要蹲下身子、走近学生，密切关注学生的动态，及时了解学生的所思、所想、所愁、所需，及时发现问题，主动解决问题。

从有效处置网络舆情的角度，辅导员要以"快""准""稳"为目标，时刻关注舆情，快速找准源头，精准控制舆情，用最短的时间，尽最大的努力，最大程度地控制网络舆情的不良影响。

家校共育形成合力，当学生遇到问题时，要及时和学生家长沟通，了解学生的性格、思想动态、学习状况等，争取家长支持，形成育人合力。

三、工作成效

（一）处理结果

首先，及时消除舆情不良影响，防止事情进一步扩散，使张某认识到自己的错误行为，消除其不良情绪，帮其释放压力，纠正认知偏差。事后，张某发消息表示："老师，对不起，因为我的主观臆断，给学院、学校带来了负面影响。在互联网上随意发言，罔顾事实，没有深入地考虑。谢谢您的教诲，真心地向您和各位老师说一声对不起。"张某得到了老师的理解和安慰，得到了家长的关心，焦虑逐渐缓解，情绪也有了根本好转。该生一直保持着良好的学习状态，2022—2023学年第一学期张某的学业成绩由班级的第23名提升至第9名，2022—2023学年第二学期他仍然保持着积极向上的生活状态和学习态度。

（二）案例启示

自媒体时代，高校辅导员要具备发现舆情、处置舆情、预防舆情的能力，学生问题和网络舆情是可防可控的，甚至可以将舆情事件处置过程转化为教育引导学生的契机。

1. 要具备及时发现问题、解决问题的能力

辅导员工作时要学会蹲下来、多走近学生，及时发现问题，第一时间掌握异常学生的情况，精准施策。同时，在日常教育中，要加强对班级学生的正向引导，引导学生以正确的心态看待身边的事物，通过正常、有效的途径调节负面情绪，避免不良舆情的出现。

2. 要学会耐心和学生沟通，用心关注学生成长

要引导学生客观地认识自我，正确地看待自我，要学会耐心和学生沟通，以理服人、以情动人，做学生真正的知心朋友。

3. 要合理运用各种方法，全方位做好育人工作

辅导员要合理运用各种方法，师生共话、家校共联，充分激发并发挥班集体、班干部、班主任、专业课老师在不同层面的作用，形成育人合力，实现三全育人目标。

作者简介

范俊峰，男，汉族，1978年10月出生，中共党员，工学博士，教授，国家高级职业指导师、国家二级心理咨询师、全球职业生涯规划师、山东高校辅导员名师工作室（范俊峰工作室）主持人、2022年度全国"最美高校辅导员"。2003年9月入职山东科技大学化学与生物工程学院从事辅导员工作，现任山东科技大学电气与自动化学院党委副书记兼副院长。搭建"1+N"思政教育平台，精心设计"时尚"又极富内涵的活动；坚持用真情、真诚、真爱走进学生的心灵，探索出"望、闻、问、切"谈话育人四步法；主持山东高校辅导员名师工作室，探索出"六位一体"学风建设工作法。

辅导员工作感悟

作为最贴近学生学习生活的人，高校辅导员是处在思政教育前沿、对大学生进行价值引领的骨干力量，是落实立德树人根本任务的重要依托。作为高校辅导员，要不忘初心、牢记使命，在辅导员这个平凡而伟大的岗位上与青年学子并肩成长。

职业规划与就业

创业指导

加强就业服务体系构建，实现高质量就业

高一丹　续琳琳

一、案例概述

2019届全国普通高校毕业生达834万人，比2018年增加近30万人。同时，由于当前国内外复杂的经济形势和去产能调结构的影响，毕业生就业创业工作压力大、任务重。一方面，经济管理学院的毕业生中女生相对较多，供需矛盾突出；另一方面，经济管理类专业学生的就业目标定位及就业期望值较高，更加趋向于选择经济较发达的地区就业。多重因素给学院开展就业指导工作造成较大困难。

经济管理学院在"三全育人"机制的引导下，从学院、家长、学生、社会等多方位深入开展就业工作，做到思想重视、组织严密、工作到位，2019届毕业生初次就业率达95.11%，其中，硕士研究生初次就业率99.32%，本科生初次就业率94.26%。

二、案例分析及解决方案

（一）案例分析

学院作为学生工作的主要阵地之一，在学生职业生涯规划及就业创业过程中具有重要作用。学院的就业创业工作存在以下问题。

（1）毕业生就业准备不足。主要表现在：自我角色转换不够及时、就业择业观念错误、就业择业能力不足、就业政策了解不到位等。这一系列的问

题导致毕业生的心理压力陡增，没有充分的就业心理准备，给就业工作的开展造成了较大的阻碍。

（2）就业创业指导专业性不足。辅导员工作内容庞杂，在学生的就业指导工作方面，没有深入地了解国家政策，接受专门的就业指导培训。多重因素使得辅导员在开展大学生就业指导工作时力不从心。

（3）就业沟通渠道不够通畅。学生就业工作的推进不仅依靠辅导员，还需要学院领导、任课老师、毕业论文指导老师等各方资源力量的协调。而毕业生课程较少，忙着参加招聘会、考研、考公等，使得教师与学生的沟通并不畅通，无法全面了解毕业生的实际情况。

（4）经济管理学院学生性别结构失衡。经济管理类专业学生女生占比较大，一些用人单位出于自身效益的考虑，在录用时会有一定的倾向性，增加了经济管理类专业学生就业的困难程度。

（二）解决方案

针对以上现象，学院制定了一系列措施，从加强组织领导、拓宽就业渠道、加强就业服务等方面促进学生就业工作的开展。

1. 树立三个"意识"，确保就业支持

（1）树立组织领导意识。学院提升对就业创业工作的重视程度，党政主要负责人亲自抓就业，成立学院就业工作领导小组，明确院班子成员、系部主任、毕业生导师等相关人员在就业创业工作中的职责，各司其职，各负其责。定期召开毕业生就业工作促进会议；制定奖励政策，鼓励引导全院教职员工关心、支持、参与指导毕业生就业，为毕业生顺利就业提供服务保障。

（2）树立导师参与指导就业意识。本科生论文导师、研究生导师指导学业的同时也要指导就业，导师利用其对专业知识的了解，调动资源为毕业生推荐就业岗位，对所带学生进行拉网式谈话，充分了解学生的就业状况和存在的问题，实施"一对一"指导。辅导员与导师充分沟通，共同协作，从不同角度为学生充分就业提供服务，提升就业签约率。

（3）树立就业队伍服务意识。通过请进来、走出去，邀请企业HR或优秀校友来校做报告；安排业务培训和外出调研调查，增强学生工作队伍就业辅导能力；配齐就业干事队伍，跟踪每一位毕业生的就业心态和就业动态，为做好就业指导工作提供可靠的资料和方向。

2. 畅通两个"渠道"，加强就业沟通

（1）畅通就业情况通报渠道。学院各系就业指导教师每周公布学生就业情况，每周一调度，方便及时了解毕业生的就业情况，督促学生及时就业。

（2）畅通学生就业意向摸排渠道。通过生源申报审核工作以及对学生就业意向、报考研究生、公务员情况以及拟出国留学等情况进行专门调查，摸清毕业生总体就业动态；与就业观和定位有偏差的学生的家长联系，讲明就业的相关情况，宣传就业政策。家校携手，共同督促学生就业。

3. 搭建五个"平台"，促进精准就业

（1）开展"我与系主任"面对面品牌平台创建活动。各系主任组织部分升学、就业、留学、考公务员成功的毕业班学生，分专业与学生面对面交流，分类指导，帮助学生认识自我、了解社会，明确自己的发展方向和奋斗目标。

（2）就业能力提升工程平台。举办简历撰写、面试技巧、就业政策等相关讲座，提升毕业生的简历撰写能力，提高简历筛选通过的成功率，邀请企业人力资源主管讲解面试注意事项和面试技巧，提升面试通过率。鼓励学生多参加招聘会，积累经验。

（3）积极推进"暑期实习生"平台计划。从大二开始，通过召开暑期实习生座谈会、发布暑期实习单位信息等方式，引导学生参加暑期实习。鼓励引导学生通过网申、笔试、面试等环节，参加大型企业集团的夏令营活动，加深对专业、行业的认识。

（4）加强就业信息化平台建设，建设并用好学生常用的QQ群、微信群等交流平台。

（5）组建学院就业CT室。针对部分就业困难学生，以职业生涯规划为抓手，以培养积极的择业、就业态度为目的，邀请企业HR或就业指导教师及专家对未就业学生进行问题扫描、诊断，帮助他们分析形势，分析个人特点，以促使学生认清自我、找到就业方向。

4. 紧抓四个"服务"，做好就业促进

（1）开展关爱活动，精准帮扶就业。了解学生的就业去向，进行分类谈话，督促鼓励学生尽快就业，先就业再择业；通过"师生手拉手献爱心活动"和"党员1+1，助学圆梦活动"，帮助经济困难、心理障碍和学习成绩落后的毕业生充分就业。

（2）加强就业教育。通过优秀校友返校报告、学院毕业生就业数据挖掘及分析、班会、谈心谈话等形式，潜移默化地开展就业观教育；同时，结合毕业生就业态度和就业期望等方面的问题，深入细致地开展就业指导工作，激发毕业生的紧迫感和主动性；结合相关政策的讲解和宣传，引导学生到基层就业、积极创业；分别面向不同专业、班级、宿舍、个人，以最大限度就业为目标，以调整就业心态与答疑解惑为重点，开展好个性化指导服务工作，对就业困难学生或班级，逐一进行座谈了解，掌握具体情况，有针对性地开展指导和督促工作。

（3）加强就业市场开拓。学院教师利用科研合作单位、社会关系以及往届毕业生等资源收集就业信息。学院学生工作队伍对长期保持用人关系的单位，采用走访和电话联系的方式进行宣传推荐、获取就业信息。毕业生辅导员按照用人单位的相关要求进行信息发布并组织安排招聘活动。

（4）做好离校未就业毕业生跟踪服务工作。更新联系方式，进行信息登记。给离校未就业学生继续推送就业信息和就业政策。建立就业跟踪调查队伍，提供必要的工作保障，为毕业生离校跟踪服务打下坚实的基础。

三、经验与启示

就业工作一直是学校重要工作之一，经济管理学院领导、老师对此高度重视，坚持"以生为本"，不断加大就业工作力度，坚持机构到位、人员到位、经费到位，构建多层次、多渠道、全方位的就业服务体系，为学生提供全面、优质、高效的就业服务。

1. 全员参与就业指导，全面提供服务保障

"三全育人"是落实"立德树人"理念的重要举措，对就业工作有重要的指导意义和促进作用。通过加强组织领导、导师参与就业、定期通报就业情况、组建学院就业CT室、开展关爱活动等确保就业工作全员、全过程、全方位参与，提供全面的服务保障。

2. 就业关口前移，强化学生就业主体意识

做好时间前移和关口前移，要抓住学生就业观念引导、就业技能提升、就业政策流程解读、就业诚信教育等基础和重要环节，不断提升就业创业教育指导的针对性和有效性。通过开展"我与系主任"面对面品牌创建活动，举办简历撰写、面试技巧、就业政策等讲座，推进"暑期实习生"计划等有

效促进学生从入学开始树立正确的就业观念，不断提高学生就业教育质量，引导学生将实现个人理想与奉献祖国建设相结合，引导学生主动就业、积极就业、高质量就业。

3.抓细做实，做好就业服务工作

就业工作需要多措并举，立足抓早、抓实、抓细、抓牢，着力提升学生职业规划能力，最大限度拓宽就业渠道，努力提升学生就业能力。学院就业信息化品牌的建设、经管类就业市场的开拓、优质用人单位的宣传等措施的实施，就业干事的配备、毕业生就业心理现状调查、离校未就业毕业生跟踪服务工作等工作的开展，从细微之处着手，促进就业工作深入学生。

作者简介

高一丹，女，汉族，1981年7月出生，中共党员，工学硕士，讲师。2004年7月入职山东科技大学信息与电气工程学院从事辅导员工作，曾任校党委组织部主任科员，现任山东科技大学经济管理学院党委副书记、副院长。以"'红色剧本+'解锁学生党员教育新模式""辅导员小豌豆工作坊"为依托积极探索学生培养教育及辅导员队伍专业化、
职业化发展新模式，曾获山东省教育系统党务工作先锋以及学校优秀共产党员、优秀教育工作者、优秀教育工作者等荣誉称号。

辅导员工作感悟

辅导员日常工作千头万绪，学生教育管理工作也日趋复杂，如何做到有的放矢、对症下药，必须增强观察力、辨别力、判断力，善于从个别现象中发现学生成长普遍现象、从偶然偶发中寻找学生成长的内在规律，聚焦关键时间节点、特殊学生特点、关键工作特性，抓住思政工作要素，让辅导员工作执行有力、落地有声。

一"职"有你，"语"你同行

——职业规划与就业创业指导

齐俊博

一、案例基本情况

外国语学院2021届毕业生共321人，有英语、日语、朝鲜语3个本科专业。他们既有当代大学生的普遍性，又有自身的特殊性。就其普遍性而言，20世纪90年代末出生的他们，成长于良好的社会发展环境。就其特殊性而言，毕业季带来的升学与就业压力悄然将至，部分学生缺乏基础的就业知识、技能，个人职业规划不明确，缺乏自主择业目标，同时还存在着就业期望过高、观念滞后等现象。本人围绕2021届毕业生就业工作进行深入思考，围绕就业队伍建设、就业教育、就业服务、就业创新等深入开展工作。

二、组织实施过程

本人坚持问题导向，夯实就业队伍，强化就业教育，细化就业服务，推进就业创新。形成"1222"就业工作思路，即1支队伍、2种教育、2项服务、2大创新。

（一）夯实学生就业工作队伍

组建由6名毕业班学生构成的就业工作队伍，其中2人研一在读、1人推免成功、3人已经与企业完成网签，共分为3个小组。第一组协助我对接企业，负责校园专场招聘会的承接、联络、组织、服务、数据收集等工作，目前已承办17场校园专场招聘宣讲会；第二组协助我对接就业中心，负责生源信息导入、就业数据同步更新、三方协议及就业推荐表发放等工作；第三组协助我对接学院，负责组织全院学生收听"职涯导航"等讲座、组织学生参加线上线下招聘会，做好其他机动性工作。

（二）强化毕业生就业教育

1. 加强日常教育

一是将就业情况摸排与就业推进会有机结合。及时跟进省就业信息网动态，做好就业工作台账。每月开展一次就业情况摸排，重点摸清学生就业意向、就业中存在困惑等情况，有针对性地分专业举行就业推进会。

二是开展面试预演工作。2020年，针对"青选计划""优选计划"等，提前组织学生进行现场模拟。总结学生在面试时遇到的问题，使后续的面试预演更有成效。

三是充分发挥朋辈引领作用。鼓励学生间的指导帮扶，Z同学曾在大学生就业与职业发展协会工作，并担任就业指导中心学院助理，目前已经与某大型企业签约。Z同学通过向班内同学讲述求职心路历程、传授职场经验，现已帮助2名舍友通过企业面试。F同学在签约了某教育机构后，同样积极主动帮助班级同学就业，目前已有5人与其进入同一单位实习。

四是做好"慢就业"及困难学生帮扶工作。一方面，梳理出"慢就业"学生名单，通过走访宿舍等契机与学生沟通，了解其内心真实想法，引导其一步一个脚印向工作岗位过渡。另一方面，加强对家庭经济困难学生的就业帮扶，目前已有1名建档立卡学生与企业完成网签。

五是扎实推进考研指导。一方面，指导学生科学报考、科学备考，明确报名步骤及关键时间节点。与学生沟通化解备考过程中没有头绪、焦虑、迷茫等问题。另一方面组织学生开展复试及调剂指导，开展2轮初试成绩及上线情况摸排，汇总学生存在的实际问题，与系里老师沟通协作，为学生提供相应帮助。

2. 推进价值观教育

利用辅导员理论宣讲的契机，加强毕业班学生的理想信念教育。本人深入不同专业，宣讲党的重要讲话精神，在做好思想理论教育和价值引领的同时，引导学生树立正确的就业观念，鼓励学生扎根基层，到祖国最需要的地方挥洒青春。

（三）细化就业服务工作

1. 为学生做好服务

一是组建"外国语学院就业服务群"，及时分享企业招聘及宣讲会、职业生涯规划课等信息。2021年2月份，扎实推进"青鸟计划"云招聘活动，将重要信息落实到学生个人，并做好后续的数据收集，共组织56名学生报名263个岗位参加面试。二是通过走访宿舍等方式，将掌握的第一手招聘信息分享给学生。三是为有线上面试需求的学生协调合适的面试场所。

2. 为企业做好服务

一是做好招待工作，对接就业中心，通过学校就业网承接企业专场招聘宣讲，帮助企业做好安排宣讲教室、前期递推、后续跟进等工作。二是做好流程跟进，在企业宣讲过程中，为企业提供相应协助，处理好突发状况。

（四）推进就业工作创新

1. 用好新媒体

通过线上直播方式，让企业与学生"近距离"交流。2021年3月20日，学校举行春季校园招聘双选会，在学院领导的指导下，本人尝试进行网络直播。一是筛选企业，解答疑问。学生可以通过直播确定目标企业的展位号，在到达现场后直奔企业，省去了在招聘会现场奔波的烦恼，也让在外实习的学生可以第一时间了解招聘信息。二是与企业人事经理"面对面"。请各位人事经理走进直播间，介绍工作待遇、上升空间、工作模式等学生关注的信息，与学生以直播的形式深入交流。本次线上直播参与人数的峰值达到了1136人。在后续的工作中，本人也将进一步探索新媒体对于就业工作的作用，推进就业工作创新。

2. 实施"1+N"就业工程

各班成立就业工作小组，班长任组长，班内党员任组员，小组成员以"结对帮扶"的形式对接班内其他成员。针对帮扶对象的就业意向，精准推送就业岗位；针对帮扶对象在就业、升学中存在的问题，有针对性地解决；针对校园招聘会、就业工作推进会、职业生涯导航报告等，第一时间督促帮扶对象参加。

三、工作成效

一方面，从就业工作成效来看。2021届毕业生中，已有32名学生在省就业信息网完成签约，33名学生主动申请实习岗位。本人利用"1222"就业工作思路，既帮学生理顺了就业过程中存在的矛盾、避开了就业误区、掌握了必要的就业知识，逐渐调动起学生的就业积极性；又为学生及企业扎实做好了服务，创新了工作形式，摸索出更高效的就业工作方式方法。

另一方面，本人将学生考研成效看做好就业工作的重要方面，狠抓落实。从考研指导工作成效来看，2021届毕业生中，180人报名考研，报考率达56%，上线113人，上线率达62.8%。

作者简介

齐俊博，男，汉族，1991年10月出生，中共党员，法学硕士，讲师。2020年8月入职山东科技大学外国语学院从事辅导员工作，现任山东科技大学外国语学院学生工作办公室副科级干部。牢记为党育人、为国育才的使命，坚持以"读书本意在元元"为思想理论教育和价值引领的落脚点，围绕外语类学科的特色，久久为功、持续发力，引领学生做具有家国情怀、全球视野、专业本领的应用创新型外语人才。

辅导员工作感悟

三年前，我满怀对思想政治教育的热忱，踏上辅导员工作的全新征程。三年来，在这条逐梦的路上，我时刻坚守立德树人初心，不忘为党育人、为国育才使命，努力成为学生成长成才的人生导师和健康生活的知心朋友。面向未来，我愿意同学生一道，共同努力，乘着时代的风云，以微毫诠释盛大，把个人的梦融入家国情怀，奋力冲向天空。

"X+3"助燃学生创业梦想

齐斯文

一、案例基本情况

小陈，男，2015级国际经济与贸易专业学生，在校期间担任班长、学生兼职辅导员，学习成绩稳定在专业前15名，荣获"优秀毕业生"等称号，CET4取得527分，CET6取得500分，具有较强的自律能力和自理能力，对外部变化的适应性较强。学生大一时把职业规划的目标确定为入职企业、做西部志愿者和创业，大二、大三阶段积极参加社会实习、创新创业竞赛等活动，在积累经验的同时不断修正职业规划目标，到大四时确定以创业为职业规划目标，并为之不懈努力。最终该生在毕业后一年成立了跨境电商类有限责任公司，公司注册资本10万元。

二、组织实施

第一次对小陈有深入的了解是在与家庭经济困难的学生谈心谈话时，这次谈心谈话让我了解了他的原生家庭情况、成长经历，为后续工作奠定了坚实基础。

（一）"拨云"谈心法，构建"环境—积极因素"画像

谈心谈话是辅导员工作中常用的工作方式之一，也是辅导员必备能力之一，谈心谈话不仅要澄清师生双方关切的问题，更要将"问题云"移走，挖掘积极因素，为学生重新画像，让积极因素成为学生成长的源源动力。

家庭经济困难学生是必须约谈的对象之一，一般会在新生入学一个月左右进行谈话，目的一是调查学生家庭困难情况，认定困难等级；二是开展"扶志"思想教育和"扶智"规划教育。其中，"扶智"规划教育对于家庭经济困难学生尤为重要，相比家庭经济条件较优越的学生，这部分学生了解行业领域的机会有限，父母对其规划指导几乎处于空白或盲目状态，辅导员进行行业环境分析、就业政策解读和介绍往届成功经验对他们来说十分必要。

谈心谈话中得知，小陈是留守儿童，从小父母因负债到经济更为发达的南方城市打工，常年跟随祖父母生活。父母在打工过程中积累了一定的资金，在小陈高中时开始白手起家做水产买卖。虽然生活得到了改善，但祖父母年迈，看病的花销逐渐增加，大学学费成了家里新的经济负担。为了回报家人，小陈从小自律、懂事，学业成绩优异，但经过新生入学教育和专业介绍后，小陈感觉单单学业的优秀不足以支撑自己在毕业后找到一份好工作，同时他也意识到家人对于他学习国际经济与贸易专业、从事贸易行业的支持是非常有限的，"所有的一切都要靠自己"。

谈到这里，我根据学生成长环境为学生构建了积极画像：留守儿童——独立自主，不缺爱、有自信；家庭经济困难——感恩家人、立志改善家里环境；父母白手起家——佩服他们；选择国贸专业——有意从事贸易、期待支持。按照新画像，我与小陈就中国经济高速发展时期"富一代"与新时代"富一代"的区别、"父母所在城市的电商环境""创业风险"等问题进行了深入探讨，并向其传达了《国务院关于大力推进大众创业万众创新若干政策措施的意见》精神。经过多次谈心谈话，最后在增强实践能力上达成共识，并确定了初步规划。

（二）把握战略机遇，搭建实践平台

2016年5月，《国家创新驱动发展战略纲要》印发后，各地区、各部门组织的创新创业类比赛如井喷般涌现，财经系根据学校对创新创业教育的总体要求，鼓励并支持学生积极参加比赛，实现"以赛促学"。同时，基于中外合作办学专业特色，先后成立了三个技能导向的学习型社团，其中跨境电商社团是与山东网商科技集团有限公司共同打造的，借助合作资源，为学生提供实习机会和培训机会，将理论与实践相结合。

进入大二后，小陈在工作中展现出"行动派"的特质，管理能力和协调能力突出，因此选拔其担任跨境电商社团的社长。工作期间，小陈不仅要组织社团成员参加技能培训，还要协调大家参与阿里巴巴店铺的美工、客服等工作。在与假发、雕刻机等进出口贸易公司交流的过程中，他不仅了解了开发产品、跑供应链、运营、物流操作等整个流通环节，还初步具备了对行业发展趋势的分析预见能力。

要让学生在创业这场慢跑中能够顺利起跑，除了具备上述几种能力，还要引导其积极参与创新创业比赛，提升创新能力、应变能力。小陈在校期间的竞赛之路并不平坦："从入学开始对科技创新、电子商务、互联网+等方面的无知与懵懂到现在成为经历过校赛省赛的参赛队员。两年的时间从所谓的'炮灰'到小有成绩，也正是那些'炮灰'的经历让我积累了经验。"这是小陈写在"优秀学长申请书"上的内容，他一路从跟随学长参赛，到自己组队，再到担任学长指导他人比赛，他不仅收获了创新能力，也在一次次挫折中提升了抗压能力，在一次次现场答辩中增强了应变能力。经过多次历练，小陈获得了全国跨境电商比赛一等奖、山东省电子商务比赛三等奖等多项省级以上奖励。

（三）实施动态简历，丰富实习经历

动态简历是我从事两年毕业生就业工作后的创新之举。大部分学生、家长认为，就业起始于毕业后；部分做就业工作的辅导员认为，就业起始于"金九银十"；而实际上，就业起始于入学之初。简历不是简单罗列和突击摘抄，而是三四年的积累。因此在2015级大二时也就是大部分学生修完就业规划类课程之后，启动动态简历工作，通过年级大会讲解"动态"简历的必要性，大二、大三学年结束时收取学生的简历，以此督促学生广泛进行社会实习，提升职业技能。

小陈的动态简历显示他已经具备英语和计算机基本技能，但缺少与专业相关的技能以及实习经历，这不足以支撑其实现就业或者创业的目标。经过引导，小陈积极考取全国外贸单证员、全国跨境电商操作专员等证书，在假期到银行、国际贸易公司等进行实习，并且在社团掌握了许多工作技能，到大三结束时，其实习经历已经十分丰富。此时，小陈正式将创业作为规划目标，选择到济南某贸易公司海外商务部门进行实习，该公司产品远销150多个国家，全球员工2000余名，实习入岗标准高。公司因丰富的跨境电商实习经历破格录取了小陈，实习期工资达6000元。作为大学期间最后一份实习工作，小陈做了将近一年，因海外业务的特殊性，其工作时间与上课时间并不冲突，但要付出更多的时间和精力，每天要工作到凌晨才能休息，这次实习经历让他学到了如何开发客户、接待客户和询盘分配等。至此，小陈已掌握一个跨境电商初创者应具备的知识和能力。

三、工作成效

2019年6月，小陈毕业，他没有选择直接创办公司，而是稳扎稳打，进入一个小型跨境电商企业，承担培训、运营等多项工作。很多优秀毕业生纷纷选择国企、知名企业就业，对小陈的选择很是不解，他是这样解释的："小公司虽然累，但是可供锻炼的机会是很多的，这种锻炼受用终生。"他所说的受用终生的能力中，选人用人能力位列其中，相比之前的实习经历，这次经历弥补了这项空白。

2020年6月，小陈的公司正式注册。"老师，我现在主要做家居产品，最大的感触是英语没有荒废掉，再就是校友的帮助太重要了。现在全流程几乎都是自己在做，财务找小王（同级会计专业同学）公司做，方便、放心。现在是两个公司，一个法人是我，等明年再多几款产品就可以拓展团队了。"再次浏览小陈发来的消息，看着他发的朋友圈"留守十多年的儿童长大了，终于可以团聚给妈妈过个生日了"，感慨万千。

改革开放四十多年来，无数拥有创业梦想的X在创业奋斗之路上与党和国家同频共振，为中国经济发展做出了巨大贡献。作为辅导员，通过构建大学生创业者画像、搭建实践平台、实施动态简历3条路径，点燃了小陈的创业梦。这不仅燃起了一位大学生的创业激情，也对筑牢新时代青年的使命担当具有重要意义！

附录

（1）"未来人生"动态简历（表1）显示小陈大二时具备的与专业相关的技能较少，实践方面的成果较少，与工作意向目标匹配度不高。

表1　小陈的"未来人生"动态简历

"未来人生"动态简历

技能（本学期打算通过的√）	就业、创业		考研		出国		工作
	实践（行业/岗位）和大学期间打算做的，如文员、销售、收银等	其他（个人品质，如人际交往能力、组织协调能力、团队精神、诚信、勇敢等）打算为此努力的	专业	准备	国家、地区	正在为此准备	打算做的√
剑桥商务英语							公务员
托福							事业编
雅思							选调生
英语四级　√							征兵入伍
英语六级							选调生、三支一扶
英语专业四级（双学位）	假期通过做社会调研和社会实践工作						西部志愿者　√
英语专业八级（双学位）　√	未体验生活、增长经验，大学期间打算做销售工作锻炼自己的交际能力	通过组队比赛锻炼团结协作、承担责任的精神					企业　√
计算机二级　√							创业　√
普通话水平测试等级证书　√							
会计从业资格证							
证券从业资格证							
AFP金融理财师							
CMA美国注册管理会计师							
CPA中国注册会计师							
CFP国际金融理财师							
ACCA特许公认会计师							
驾照							

（2）成功创业后给母亲过生日（图1）。

图1　小陈朋友圈截图

（3）山东省优秀毕业生展板中关于小陈的介绍（图2）。

图2　对小陈的介绍

作者简介

齐斯文，女，汉族，1984年11月出生，中共党员，理学硕士，讲师，国家二级心理咨询师。2010年7月入职山东科技大学财经系从事辅导员工作，现任山东科技大学财经系学生工作办公室主任、团总支书记。构建国际化办学特色思想教育引导体系，围绕"弘扬留学报国光荣传统"推出"一室、一码、一册、一剧"，出品《聚焦财务管理高质量发展，争做国际化高端财经人才》等三部思政短视频作品，所带毕业生出国出境率和深造率实现三个新高。

辅导员工作感悟

青年强，则国家强。辅导员的工作职责与党和国家命运紧密联系在一起，更与每一位青年的成长发展紧密相关，要在工作中持续提升理论水平、思辨能力和关爱本领，善于与人才培养目标相结合，与行业发展趋势相结合，与时代发展特征相结合，构筑为党育人、为国育才的牢固思想阵地，助力新时代青年成长成才！

创新创业助力学生成长成才

代佳庆　刘　辉　谢菲菲　盖　康　范　轲

一、案例基本情况

"老师，创新创业是干啥呀？我们需要做什么呀？我们能参加什么比赛呀？""老师，挑战杯比赛我听说过，但是，我感觉我肯定不行……"自从2020年9月，我接手学院创新创业工作以来，每年要接触很多创新创业竞赛，收到比赛通知，我都是第一时间告知学院师生。但是，在每一次创新创业竞赛组织的过程中，总会出现学生对竞赛了解不深、学生参与度不高、学生参与能力不足等问题。我逐渐发现，学生自己认识和参与创新创业竞赛比较困难。一方面，学院以基础学科教育为主，在创新创业方面存在一定劣势；另一方面，学生创新创业的主动性不够，缺少正确的引导，创新思维欠缺，畏难情绪严重。这让我在如何做好学院创新创业工作、激发学生参与创新创业的热情、培养学生创新创业意识的问题上有了进一步的思考。

二、组织实施过程

国家高度重视高校创新创业教育改革，多次强调创新的重要性，出台多项创新创业相关规定政策。在《中国教育现代化2035》中，强调"加强高等学校创新体系建设"。把创新创业人才培养提升到国家战略高度，学科竞赛和创新创业成为高校新一轮学科评估的重要参考依据。

我们始终秉承"立德树人"根本任务，紧紧围绕"彩虹计划"三全育人总体方案开展创新创业工作。面对学院创新创业工作存在的问题，采取"建体系、辟阵地、搭平台、创活动、育种子、促合作"等六大举措，营造创新创业氛围，改善学院创新创业环境，切实提高学生创新创业能力，助力学院创新创业工作稳步推进。

（一）完善创新创业工作体系

完善学院党委领导、学院团委指导、学生会科技创新部负责、班级科技委员具体实施的四级联动工作体系，贯彻政策文件精神，统筹学院创新创业工作。针对不同年级，采取一年级引导、二年级培育、三年级拔高、四年级总结的压茬培育机制，使学生全面认知创新的重要性。完善创新创业工作考评奖惩机制，根据学院党委工作指示，抓住关键少数，充分发挥学生党员、学生干部的作用，制定党员考核办法，激励学生党员、学生干部参与创新创业工作。

（二）开辟创新创业工作阵地

开辟"线上"和"线下"创新创业工作阵地。一是依托学院官网与微信公众号"山科数学人"，开辟"蓝色引擎"创新创业"线上"宣传阵地，解读创新创业政策、宣传优秀创新创业人才事迹、发布创新创业相关信息等；二是建立公寓科创阵地，为学生参与创新创业竞赛提供备赛场地，辅导员等入驻学生公寓，及时地给予学生指导，保证师生沟通渠道畅通。

（三）搭建创新创业师生交流平台

加强师生沟通交流，面向学院师生选拔创新创业青年导师与创新创业拔尖人才，建立创新创业人才库与导师库。举办"本科生科研助理双选会""大创训练计划项目双选会"等，打通师生沟通渠道，建立师生沟通的桥梁，选拔学生参与导师课题研究，协助导师完成科研项目，通过实践促学，培育拔尖人才，培养学生科研思维。

（四）丰富创新创业校园文化活动

发挥校园育人功能，通过举办"创新创业大讲堂""学科竞赛经验分享讲座""学科竞赛相关培训讲座"等活动，激发学生的创新创业意识，丰富学生的参赛经验。发挥"数学建模协会"品牌社团带动效应，进行经验分享和技能培训等，使学生自我教育、自我管理、自我服务，培养全国大学生数学建模竞赛、数学竞赛等学科竞赛人才。

（五）组建创新创业重点培育小组

选拔对创新创业兴趣浓厚的学生，作为学院创新创业重点人才培育；组建创新创业竞赛重点攻关小组，对接各项创新创业项目，作为各类创新创业大赛的种子队伍，为其参加创新创业活动提供不低于2万元的经费支持等。通过老带新的方式，吸纳新人，持续培育，形成压茬培养机制，稳步提升学生整体参赛能力与获奖水平。

（六）整合家校企多方创新创业资源

家校企多方合作培养学生，整合家校企科研资源，通过邀请优秀校友回母校开讲堂、做报告、带项目等方式，面向学生广泛开展创新创业知识宣传；开展家校共育，整合家校资源，引导学生参赛，聘请家长担任学校创新创业导师，指导学院学生开展创新创业活动；发挥校企合作优势，充分利用校企项目，锻炼学生解决实际问题的能力，培养学生创新创业能力和科研攻关能力，从而提升就业的核心竞争力。

三、取得的成效

在工作中，发现问题、解决问题，严格贯彻落实六大举措，经过两年的努力，学院在创新创业方面取得长足进步，创新创业工作取得初步成效。

（一）学院创新创业工作机制进一步完善

初步建成指导教师库与创新创业人才库，建成了"本科生科研助理双选会""大创训练计划项目双选会"等创新创业工作平台，培育了大学生创新创业计划立项30余项。同时，鼓励学院学生党员参加创新创业竞赛（图1），抓住关键少数，制定考评办法。

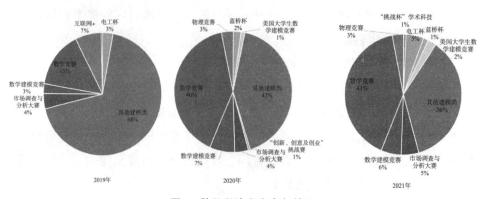

图1 数学学院竞赛参与情况

（二）学院创新创业竞赛参与结构进一步优化

学生竞赛参与热情高涨，2019年以来，学院学生参与并获奖的竞赛主要集中在数学建模竞赛、数学竞赛，其他比赛的参与度和获奖率很低。2021年，"挑战杯"、商业精英挑战赛等其他创新创业类比赛的学生参与率明显提高，并获得了不错的成绩（图2）。学生参与创新创业竞赛的能力得到全面提高，学院创新创业竞赛参与结构进一步优化。

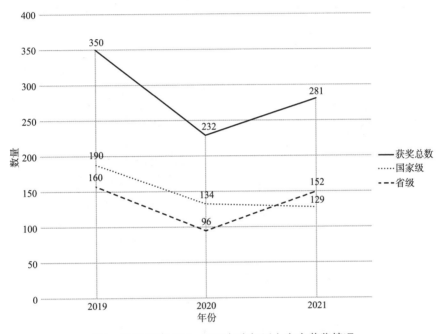

图2 数学学院2019—2021年省级以上竞赛获奖情况

（三）学科竞赛获奖数量和质量进一步提高

2019—2021年，学生参与创新创业竞赛的获奖总量分别为350、232、281项。自2020年开展相关工作以来，2021年学生创新创业竞赛的成绩明显提高，获奖质量与水平均有提高。2019—2021年获得的国家级奖项分别是160、98、152项，国家级奖项占比明显提高。2021年数学学院获得省级以上奖励281项，较2020年增加49项，增长了21.1%。其中，获国家级科技竞赛奖励152项，较2020年增长了55.1%。

（四）创新创业竞赛数学学科优势突出

在全国大学生数学建模竞赛、全国大学生市场调查与分析大赛、全国大学生数学竞赛等比赛中，专业优势明显。在全国大学生市场调查与分析大赛中，学校近三年获得16项国家奖项，其中，数学学院获奖作品12项，占比75%。2020年，学校仅获得2项国家级奖项，均为数学学院作品。2022年，学院获国家级奖项6项。

在全国大学生数学竞赛中，获奖数量持续增长，专业优势明显。在全国大学生数学竞赛中，2020年数学学院获奖总数为29项，占学校获奖总数的14%；2021年数学学院获奖总数为64项，占全校获奖总数的22%（图3），提升了8个百分点，学生参与度、学生获奖率均有很大提升。

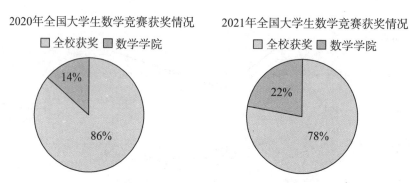

2020年全国大学生数学竞赛获奖情况　　　2021年全国大学生数学竞赛获奖情况

图3　数学学院全国大学生数学竞赛获奖情况

（五）学院创新创业氛围浓厚

学生参与创新创业竞赛的积极性很高，在2021年"挑战杯"全国大学生课外学术科技作品竞赛中，获得山东省特等奖1项、山东省三等奖1项。学生参与竞赛热情高涨，其中，W同学，系2020级大数据专业本科生，曾获得2021年全国高校商业精英挑战赛创新创业竞赛国家级一等奖等二十余项省级及以上奖项，授权实用新型专利1项，主持或参与国家级大学生创新创业训练项目3项。通过项目孵化，W同学成立了"青岛逸净欣智能科技有限公司"，同时获得第十三届"挑战杯"建设银行山东省大学生创业计划铜奖。

作者简介

代佳庆，男，汉族，1993年4月出生，中共党员，理学硕士，讲师，创业大赛指导师。2020年8月入职山东科技大学数学与系统科学学院从事辅导员工作，现任山东科技大学数学与系统科学学院学生工作办公室副科级干部。秉承"立德树人"根本任务，紧紧围绕"彩虹计划"三全育人总体方案开展创新创业工作。实施"建体系、辟阵地、搭平台、创活动、育种子、促合作"等六大举措，改善学院创新创业环境，切实提高学生创新创业能力，助力学院创新创业工作稳步推进。

辅导员工作感悟

"用爱铸魂，用心匠梦。"辅导员被历史赋予了光荣的使命，肩负时代的重任，在思政工作舞台上，要把学生放在心上，把心放在学生上，苦练本领、以德为先，才能不辜负辅导员的责任与荣耀。辅导员作为高校立德树人工作任务的骨干力量，"辅"以成长成才，"导"以做人做事，"员"之匠心筑梦。在青春的花圃里倾注自己的"心血"，指引学生在成长路上踔厉奋发、勇毅前行。

高校大学生就业指导纵贯线和就业活动前置的思路与探索

马韶霞

一、主要问题

作为一名工作了十二年的一线辅导员，我共带了两届本科毕业生和4届研究生毕业生。幸运的是，材料学科的学生一直以来不愁找工作，学生因为能吃苦、敢创新也广受用人单位好评。我开始更多地思考学生核心竞争力提升和就业质量提升，更多地去发现问题、思考问题并尝试解决问题。当近两年就业最难的毕业季到来的时候，这种探索与实践也显现出了力量。我主要围绕以下三个问题展开了思考。

（1）当前许多学生甚至老师把就业当成毕业班或者毕业生的事情，低年级的学生普遍认为就业离自己还很远，等真正进入毕业年级，就显得措手不及，没有目标、没有准备。低年级的学生对简历制作、企业筛选、面试准备了解甚少。

（2）本科生研究生报考率逐年升高，导致毕业季虽然有企业扎堆来招聘，到场的学生却不多。但事实上所有学生都应具备求职能力，都应了解企业、了解就业形势。

（3）学生收到企业的录用通知却犹豫不决，不知该不该签。担心不签，后面想签企业却没有岗位了，签了又怕后面还有更好的单位，解约还得付违约金。

二、做法与举措

（一）低年级做好学风建设和生涯导航——打铁必须自身硬

1. 学风建设

学生入学的第一学期，狠抓学风班风建设和专业引导，帮助学生尽快完成从高中学习到大学学习的过渡。在一年级养成良好的学习习惯和生活习惯，通过企业家进校园、校友现身说法、专业老师介绍等，帮助学生全面了解专业、行业。

每年考研复试结束后，邀请毕业生进行经验分享，分享各自的求职经历、考研经验和心路历程等，为低年级学生做出职业选择提供了更为直接的参考。

2. 生涯导航

在一年级接触生涯概念的基础上，二年级借助"大学生职业生涯规划大赛"这一载体，组织好院赛，以赛促学，以赛促练，督促更多的学生进行个人性格、兴趣、技能和价值观的探索，指导学生进行工作世界的探索。请职业生涯规划大赛获奖选手、校友、合作单位人事经理、导师现身说法，帮助学生认识职业生涯发展规律。重视学生通用技能和可迁移技能的培养，培养学生科学的就业价值观。通过第二课堂辅助第一课堂，促进学生德智体美劳全面发展。校友论坛关于行业前沿的介绍，能够让学生了解材料领域正在突破国外卡脖子的难题和冲破国外垄断的研究方向，在学生的就业价值观里培育为之奋斗的家国情怀。

在带本科生的时候，我自己也利用周末时间为学生开展过生涯培训，每个班次招收36名学员，培训时间共10个学时。同时，召开考研指导班会，通过决策与评估、考研要经历的四个时期、跑错路的兔子等环节，指导学生择校、制订复习计划、进行心理调适等。

（二）三年级实施就业活动前置——机会总是青睐有准备的人

用简历进行系统分析：学生在进入毕业班的前一年会全部完成第一轮的简历制作，我会与学生面对面进行简历指导，提醒学生查漏补缺。"简历在手，实习、应聘说走就走。"有了这份简历，在本科三年级（研究生二年级）的暑期实习和本科四年级（研究生三年级）的"金九银十"就业季到来之时就不再被动，拿上简历就可以去参加双选会，打开电脑就可以发送求职简历。这既是求职准备，更是心理准备。

简化版的决策平衡单：数据指标分析笔记是做选择的实用工具，学生根据毕业目标至少选择三个意向单位，然后对影响选择的因素进行对比分析。例如，要进入企业工作，可对是否卡脖子领域、薪资、福利、行业性质、发展通道、是否出差、是否双休等个人关注的因素进行对比记录，明确影响选择的最重要的因素。在难以做出选择的情况下，可以给这份记录进一步赋予分值，做成"决策平衡单"进行下一步的分析。比如，我今年的毕业生小高，对于签约芯恩还是海信非常纠结，最后他拿出数据分析笔记，梳理两家公司的行业前景，很快就做出了决定。

纸上得来终觉浅：动员本科三年级和研究生二年级的学生参加招聘会，提前了解就业形势、了解本专业的各类型企业。创造各种机会带领学生走进企业，或参观，或实习，有利于学生进行职业环境的探索。利用好地方政策，组团带学生参观企业；名企游学活动持续开展；企业实习走深走实，让更多的学生能走进企业。

经过一系列的求职准备与探索之后，学生再做一次生涯测评，结果就会更加客观准确。

（三）四年级实施就业助飞计划——"我准备好了！"

毕业季正式到来之前，还要再进行指导与推荐，提升学生面试信心和就业质量。

1. 助飞讲座

针对考研心理调适、公职类考试报考准备、研究生复试等特定节点，请专业机构或者专家为学生做报告，进行专业的辅导。

2. 简历诊断

每次招聘会前为学生提供简历诊断服务，提升简历和应聘企业、应聘岗位的匹配度，提高进面试的概率。

3. 模拟面试

对一些面试有短板的学生进行面试前的集训，模拟面试过程中的关键环节，从形象打造、文明礼貌到回答问题，涵盖传统面试、无领导小组讨论等其他形式的面试，提升学生的求职信心。

4. 精准推荐

定期梳理就业学生台账，定期进行辅导，对就业困难学生进行精准推荐。

5. 家校联动

学生就业牵动着家长的心，家长需要了解就业形势、了解就业政策，同时也需要尊重学生的发展规划，在家、校、生有效沟通的基础上，形成合力。

三、预期效果与实践成效

（一）预期效果

就业活动前置最为理想的效果就是，进入毕业年级前完成就业的准备和探索，大四该考研就好好准备考研，研三该写论文写论文，想要找工作的，有针对性地参加几场招聘会就可以签约。

（二）实践成效

1. 就业质量实现了质的飞跃

大部分意向到企业工作的学生能够在校园宣讲高峰期快速签约，签约后违约率低、满意度高。2022届98名研究生毕业生去向落实率达到96%，全部为协议就业和升学；博士深造率为14%。2023届101名研究生毕业生去向落实率目前为90%，博士深造率14%。最终毕业生去向落实率预计仍能与2022年持平。

2. 毕业生就业稳定度高

由于学生是在做足了调研和探索之后才签约了单位，入职之后，无论工作内容、工作环境还是薪资待遇都没有什么落差，所以稳定度比较高。

3. 企业满意度高

学生专业基础扎实，善于学习和钻研，肯吃苦、肯攻坚，创新意识强，受到企业的普遍好评。

作者简介

马韶霞，女，汉族，1983年9月出生，中共党员，工学硕士，讲师，国家高级职业指导师、国家三级心理咨询师、全球职业规划师。2011年8月入职山东科技大学材料学院从事辅导员工作，现任山东科技大学材料学院学生工作办公室主任。积极探索大学生思想教育新途径，在打造大学生党员红色先锋成长计划、蓝色引擎研究生党员成长计划、小草学堂、就业助飞计划等品牌的过程中形成了一套可复制、可推广、有成效的教育模式，被《人民日报》《中国青年报》等30余家媒体报道，建设教育部入库项目2项、山东省样板党支部1个。

辅导员工作感悟

热爱可抵岁月漫长。始终以高涨的热情迎接每一天平凡的工作，让平凡的工作变得有趣。"一个人遇到好老师是人生的幸运"，希望能用自己微薄的力量，带给学生正确的引导、温暖的鼓励和坚强的助力。以为党育人、为国育才，培养出可堪民族复兴重任的时代新人为工作目标，不负韶华，不负"辅导员"这一神圣职业。

心理健康教育与咨询工作

点亮一盏灯，指引一条路

栾伟娜

一、案例概述

在一次检查宿舍时，我看到大四学生刘某独自在宿舍玩游戏。该生平时不善言辞，性格较为内向，学习成绩不理想，仍有两门课程需要重修，已报考吉林大学研究生。当时离研究生考试仅剩一周，我与该生交流考研复习情况和找工作进展，该生满脸愁容，吞吞吐吐地说，复习得很差，想放弃考试，自己也想找工作，但一想到还有不及格的科目，觉得不会有单位愿意聘用，所以简历没准备，招聘会也未参加。在交流过程中，了解到该生选择考研只是盲目从众，意愿并不强烈；在找工作方面缺乏自信心和主动性，消极对待，打算等到毕业后再考虑就业事宜。此外，该生在看到其他同学考研复习较为顺利或者已有签约单位时，产生了焦虑情绪，对学业和就业感到迷茫无措。

二、案例分析及解决方案

（一）案例分析

该生的主要问题是自我发展意识较弱，对自身缺乏准确的定位和清晰的规划。当看到班级大部分人选择考研时，在没弄清楚"为什么要考研"的情况下就盲目从众选择了考研，甚至在报考学校时也未深思熟虑、认真调研，而是随意选择了吉林大学。缺少正确的考研动机，自然产生不了强大的考研动力，该生一开始有"大家都考，我也考，说不定能考上"的心态，慢慢转变为"试一试，考不上也无所谓"，而最后变为"考也考不上，干脆不去考了"。在考研这件事上，该生既消耗了时间，浪费了原本可以专注于做其他事情的精力，也消磨了自信，从而"事事无成，一无是处"。

该生在求职问题上主观认识较为片面，存在"等"和"靠"的心理。想找工作却迟迟不去找的原因是：一方面认为自己成绩不理想，尚有不及格科目，害怕用人单位拒绝，认为只有拿到毕业证和学位证后才有资格应聘；另一方面认为自己的专业知识学得不够深入，也未参加过用人单位比较看重的科技创新比赛，沟通表达能力也比较差，肯定达不到用人单位的要求。

该生是有进取心的，但缺乏自我认同感，情绪调节能力较弱。对于考研和就业，该生有所期待，也不愿浑浑噩噩毕业了事，所以当其他同学在考研或就业方面有较大进展之时，该生产生了不自信和焦虑情绪，内心着急却很迷茫，加之性格较为内向，不善于向他人表达感受，所以在不知所措之时选择单独在宿舍玩游戏来排解焦虑情绪。

（二）解决方案

一是帮助该生明确毕业前的目标，找到努力方向，清楚认识到当下需要做好的事情以及能做好的事情。深入沟通后发现，该生找工作的意愿相对于考研更为强烈，为进一步明晰其自我需求，利用"决策平衡单"让该生进行思考和权衡，做出选择。该生决定不再纠结于考研，并树立了两个目标：一是要认真准备重修科目，确保毕业不受影响；二是要充分利用学校就业资源，毕业前签约工作单位。帮助该生树立目标的过程不是替其做决定，而是引导其独立思考、独立判断、独立选择。有了明确的目标，正如心中有了明灯，学生便少了些迷茫、多了些坚定。

二是从制作求职简历开始，给予该生细致耐心的指导，逐渐转变其就业心态，帮助其树立自信心。三天之内帮助该生修改了三次简历，从一开始该生挖空心思只能写半页A4纸，内容空洞、格式简单，到最后实习经历、校园实践、技能掌握等内容翔实、逻辑清晰、格式规范。每一次简历修改过程都逐步引导其树立自信，挖掘优势和亮点。例如，讨论校园实践时，该生感觉没有参加过有意义的活动，更没取得什么成绩，自认为乏善可陈，但提到自己参加过学校运动会5000米长跑。抓住这个闪光点，我告诉该生："这本就是很有意义的校园实践活动。有些事情注重的是过程，而不是结果。能代表学院参加学校运动会，至少证明你身体健康、有一定体育特长，而且很有集体荣誉感。更重要的是5000米长跑是十分考验毅力的，不是所有人都有勇气参加的，这一点表明你是个敢于挑战、意志坚强的人，这正是用人单位所看重的品质。"

三是引导该生在求职实践中进行自我探索和工作世界探索，理性进行职业规划。做完简历的第二天，恰好青岛一家单位来校招聘，便鼓励该生大胆试一试，并且告诉他"不要被单位各种岗位职责吓倒，能否胜任由单位来评判，不能'身未动，心先死'"。专场招聘会后，又动员该生到单位实地参观考察，在该生对单位及岗位有了较为全面的了解后，进一步引导其结合自身专业、兴趣、技能和个人需求等方面综合考虑，之后针对面试技巧、文明礼仪等方面对其进行了辅导。该生表示对这家单位非常向往，主动投了简历、积极准备面试，最终被单位录用。目前该生在这家单位工作已一年有余，月薪8000元，工作踏实，内心满足。

三、经验与启示

辅导员的职责很多，最根本的任务是育人，做大学生健康成长的指导者和引路人，这就需要辅导员能及时了解学生的所思、所为、所需，而学生宿舍是辅导员工作的重要阵地之一，深入其中可以及时发现问题。检查学生宿舍不仅能通过内务情况观察学生生活状态，也能根据学生在宿舍的行为表现判断其思想状态、学习状态，关键是在学生的"地盘"上与其交流，会让大多数学生感觉较为放松，减少在办公室约谈的紧张感，有利于学生敞开心扉、畅所欲言。例如，本案例中如果不是在宿舍"偶遇"学生，通过面对面的交流获悉该生的想法和感受，并采取了适当的就业帮扶措施，也许该生会继续"蹉跎岁月"，错过合适的就业机会。

要做好学生的"辅"和"导"工作，不仅要用心用情，更要用功。新形势下辅导员的工作内容和形式在悄然变化，不能靠"吃老本"解决出现的新问题，工作年限越长，越要避免犯经验主义错误。本案例中，我将培训学习和教授《大学生职业生涯发展与规划》课程获得的生涯规划方面的知识与方法合理运用到就业指导工作中，帮助学生认知自我、明确方向，付诸行动并获得成功。我在工作中日益感受到信息时代的大学生涉猎广泛，知识面也较宽，接受新鲜事物的能力较强，这就需要辅导员在历史、哲学、心理学、管理学、新媒体运用等方面不断用功学习，增加知识储量，提升能力水平，才不至于在工作中捉襟见肘。

　　要透过现象看本质，找到问题的根本，不能仅凭学生的外在不良表现就对学生加以评判，要善于走进学生内心，找到症结所在，才能"标本兼治"。学生是多样的，个性多样、思想多样、行为多样，辅导员就应该有多样的工作视角。本案例中，学生在考研前夕却待在宿舍玩游戏往往会被视为不思进取、浪费时间，但其实这是该生缓解焦虑的一种方式。在不了解该生真实状态的情况下，如果只是针对其行为进行说教甚至批评，有可能会进一步加重该生的焦虑，挫伤其自信，也不利于该生倾吐心声、坦言困惑，辅导员也就无法真正了解该生并帮其解决问题。

作者简介

　　栾伟娜，女，汉族，1981年12月出生，中共党员，工学博士，讲师。2007年7月入职山东科技大学理学院从事辅导员工作，现任山东科技大学国际交流学院学生科正科级干部。

辅导员工作感悟

　　辅导员的工作"千条线、一根针"，最根本的任务是育人。辅导员是大学生成长成才的指导者和引路人，要做好学生的"辅"和"导"工作，不仅要用心用情，更要用功，不断增加知识储备，提高能力水平，提升人格魅力。新形势下辅导员的工作内容和形式在悄然发生着变化，作为一名老辅导员，不能靠"吃老本"解决出现的新问题，工作时间越长，越要避免犯经验主义错误，要善于透过现象看本质，善于走进学生心里，做学生的良师益友。

一患有精神分裂症的大学生的教育案例启示

刘晓蕾

一、案例概述

刘某，大二男生，西南地区农村学生，家庭经济困难。因其两门课程不及格，辅导员找其谈话。该生自述由于学习压力较大导致其语速较慢、反应迟钝、话语逻辑性差等。辅导员建议其调整学习方法、适时运动，学会缓解学习压力，并持续关注学生动态。

两个月后，该生找辅导员说有重要事情相告，并表现出紧张、焦虑、畏光等状态。该生详细叙述近半个月他每天如何跟"女朋友"交往，并"听到"周边的同学、学校的风和狗在骂他。辅导员通过与该生所在班级的学生进行沟通，确定该生所说的"女朋友"不存在。通过前后三次交谈，发现该生存在幻觉、妄想和思维紊乱等比较典型的精神分裂症症状。

二、案例分析及解决方案

精神分裂症是一种病因未明的复杂的精神性疾病，这类疾病的患者具有感知、思维、情感、意志及行为的不协调和脱离现实环境的特点。不同个体、不同疾病类型、处于疾病不同阶段的精神分裂症患者的表现有很大差别。精神分裂症的诊断需要结合病史、临床症状、病程特征及体格检查和实验室检查结果。该生后来在当地医院确诊为精神分裂症患者。

鉴于该生异常状况，辅导员具体开展了以下四项工作。

1. 时刻把握问题学生发展状态

安排班级学生干部、宿舍舍友关注该生学习和生活状态，启动危机事件响应机制，如有问题第一时间向辅导员汇报。辅导员虚心学习相关知识，沉着冷静处理问题，做好学生情况记录，建立问题学生档案，并及时向学院、学校领导汇报。

2. 联系学校心理咨询中心评估学生情况

由于该生拒绝进行心理咨询，辅导员通过整理谈话内容，与学校心理咨询中心老师分析、评估学生情况，确定该生具有疑似精神分裂症症状。精神分裂症属于心理异常情况中较为严重的情况，无法通过心理咨询达到治愈效果。学校心理咨询中心建议学生休学调整并尽快到正规医疗机构进行医治。

3. 联系学生家长，与家长及时沟通

该生家长反映该生暑假在家期间存在反应迟钝的情况。接到辅导员电话后，家长表示会尽快到校协助解决问题。家长到校后，感觉学生无异常情况，不接受学生存在心理异常的现实，感觉没有必要去正规医疗机构进行医治。面对此情况，学院领导和辅导员积极与家长沟通交流，使家长加深对精神分裂症的认识，消除各方面的顾虑并接受学生患病现实，同意配合学校、医院进行休学治疗。

4. 事后针对特定人群进行团体辅导

身边出现心理异常学生会对同班级、同宿舍其他学生产生一定的影响，因此做好心理安抚是后续工作重点。辅导员通过召开主题班会、举办心理知识普及讲座、团体心理辅导等方式，将整个事件澄清，缓解学生的心理压力。由学校专业心理咨询老师对受此事件影响较大的学生进行心理咨询。

三、经验与启示

辅导员在学生心理健康教育及心理问题学生处理方面，需要着重注意四点，即重细节、重学习、重舆情、重预警。

1. 重细节

俗话说，细节决定成败。精神分裂症发病有一定的规律，是个循序渐进的过程。绝大多数患者在首次发病前的一段时间内就在感知、思维、言语、行为

等方面出现异常。该案例中，辅导员因学生成绩不理想约谈学生时，细心地发现了学生的异常情况，在处理过程中及时关注学生，注重与学生的沟通交流，建立良好的师生关系，获得学生信任，使学生在出现"想法"时会主动向辅导员倾诉，以此减少心理问题学生对学生本人及其他同学的伤害。因此，辅导员在工作中要注重细节，关注学生心理健康状况，提高工作精细程度，定期梳理学生情况，关注学生动态成长过程，对学生做到因材制宜、因地制宜、因时制宜。

2. 重学习

有人说，辅导员是一个"杂家"，需要较强的学习能力。辅导员在工作中应积极构建学科知识结构和知识框架，对处理人际关系问题、环境适应问题、学习问题、恋爱问题等常见学生心理问题有一套成熟、有效、实用的系统操作流程。同时，不断增强分析问题和解决问题的能力，对突发事件能够认识透彻，提高应对突发事件的能力，能考虑全面并较快做出判断并提出行之有效的解决措施。

3. 重舆情

舆情在这里是指有学生出现心理异常情况后，其他学生对事件从学习、生活、道德等方面所产生和持有的态度。近年来，随着新媒体的发展，大学生喜欢在社交功能强、互动性强的平台发表自己的言论。然而一部分学生将带有自己主观性、未经过事实验证的消息进行包装，直接通过多种渠道在互联网上散播，造成了针对某一事件的舆情危机。因此，辅导员在工作中应增强学习，提高自身素质和能力，及时通报危机事件的真实情况，了解网络媒体运作规律，准确把握学生思想动态及舆情发展方向，加强对大学生舆情的正向引导。

4. 重预警

在实际工作中，逐步建立、完善心理危机预警机制。教育部日前印发了《高等学校学生心理健康教育指导纲要》，要求建立学校、院系、班级、宿舍"四级"预警防控体系，将传统的三级预警防控体系延伸到宿舍，全方位关注大学生心理健康问题。另外，建立学生心理动态库，对学生定期进行心理测评，掌握学生动态情况，及时发现心理存在问题的学生。目前大部分高校采用大学生人格问卷（UPI）和症状自评量表（SCL-90）测评，此类问卷具有一定的时效性，无法及时跟进学生状态。同时，积极开展心理健康知识的普及和宣传，使学生正确认识心理健康问题，遇到问题能够正视问题并学会求助。

四、结语

希望这一案例能为患有精神分裂症学生的识别、处理提供参考。辅导员在工作中应重细节、重学习、重舆情、重预警，及时发现学生在学习、生活中的困难，帮助和引领学生健康快乐成长。

作者简介

刘晓蕾，女，汉族，1987年4月出生，中共党员，理学硕士，讲师，国家三级心理咨询师。2012年7月入职山东科技大学理学院从事辅导员工作，现任山东科技大学电子信息工程学院学生工作办公室主任。工作中，创新工作模式，以培养具有鲜明精神品质的电信人为目标，以"e+"引航工程为载体，扎实做好思想引领、实践育人、校园文化等六项主要工作，为广大青年学生打造多元化成长路径，引领学生共同成长。

辅导员工作感悟

大学是人生当中的一个崭新阶段。在这里，学生可以学到大量理论知识，也可以进行实践，有前所未见的风景和广阔的未来。作为辅导员，希望看到学生练就扎实的科研本领、拥有乐观的人生态度，勇挑重担，为我国电信事业贡献青春力量！

良好策略帮助低年级抑郁情绪学生适应大学生活

祝月盈

一、案例概述

J，机电学院2018级机械电子工程专业本科生，浙江人，城市户口。该生以高分考入本校，家庭经济条件优越，父母均为教师，自大一开学便表示已在为留学做准备。开学后该生表现良好，学习用功，积极竞选班委、参加学生会，虽不大与别的同学来往，但能与同学们和谐相处，在同学们眼中是优等生。

进入大学三个月后，该生找到辅导员，说自己最近抑郁情绪明显，有强烈的自罪感，并伴有自杀想法。辅导员通过鼓励、调整认知等方式帮助其理顺开学后在学习生活中产生的不合理认知，安抚其情绪。在学生表示情绪状态好转，可以继续学习生活后，第一时间向学院领导汇报，并安排班长、团支书、宿舍长对其重点关注，第二日上报该生情况。随后，与其家长沟通，反映情况。后来学生前往医院，诊断为抑郁状态，须服药，现在在学校正常上课。

二、案例分析及解决方案

1. 挖掘问题根源

J在找到辅导员时，抑郁情绪已十分明显，出现了强烈的自我批判意识，但仔细询问后发现，事情并非像他说的那样严重，而且使他产生抑郁情绪的主要是其主观认识扭曲后的想法。比如，J反映："有个与我很要好的朋友，某天突然和别的同学去吃饭了，也不回我消息，我问他原因，他也只是说别人叫他吃饭他就去了。后来，他还和我说我太负能量了。他讨厌我，想要和我绝交。"通过谈话，能够明显感到J对自己太过苛责，但分析其日常行为，并不像他说的那样严重，同学间也没有流传对他不好的评价。由此可见，J的抑郁情绪一方面是由于自己主观扭曲的不合理认知。

深入交谈后，J向辅导员诉说了其家族的过往，这很有可能是J产生不合理认知和抑郁压抑情绪的根源。

从J口中得知其有过自杀想法，但没有实施过。这需要引起重视，这不仅与其目前的情绪状态有关，也可能与其家族史有一定关联。

因此，在谈话过程中，辅导员谨慎使用评价性语言，尽量用中性、积极的语言，支持、鼓励他，增强其自信心及积极信念。考虑到J虽常年受到情绪及家庭的困扰，但未采取极端方式，日常生活仍井井有条，与人和睦，而且来找辅导员寻求帮助说明其有强烈的生存本能，可以通过言辞鼓励给予他正面的影响。

除向学校、学院反映学生状况外，也要通过学生干部及时了解J的情况，但要注意保护其隐私，主要让学生干部在日常生活中多关心和帮助他。

2. 及时与家长反馈

从J口中得知，父母自他幼年时便不和，经常打架、吵架，还把J当成"出气筒"，父母的家族也有不和，经常产生龃龉。J母亲的家族曾有人自杀，J的母亲似乎也存在较为严重的抑郁情绪。J的父亲望子成龙，对他严加管教，稍有错误便动辄打骂，批评的言辞中有许多羞辱性的词语，这让J一向惧怕父亲，也对自己产生了不合理的评价。在高考前，J一直住在家中，父母在批评之外也给予他很多物质上的支持。高考后，J来到外省上学，离家甚远，加上不愿与家人联系、生活环境改变，J无法合理纾解不合理认知导致的抑郁情绪。加之父亲在大学前已为他设定好了未来规划，即去某国留学，在繁重的课业外，J还要再学一门外语，这更加重了他的压力与抑郁情绪。

因此，辅导员第一时间与J的父母沟通情况，J的父母大吃一惊，不认为J的情况十分严重，反而向辅导员大倒苦水，诉说夫妻关系问题。辅导员屡次将话题转向学生，终于使得夫妻俩开始重视学生的问题。

3. 平等积极地与学生谈话

谈话中，辅导员发现J在交往方面、学习方面都有可圈可点之处，但因为早期经历及性格原因，不知如何正确地与同学交往。辅导员一面平等地与学生谈话，袒露自己刚上大学时也有一样的烦恼；一面积极发掘J的优点，教授他人际交往、工作学习的技巧，适度赞扬其优秀的一面，疏导其消极情绪。

三、经验与启示

1. 掌握一定的心理学知识

辅导员是做人的工作，在聚焦思想价值引领外，也要应对学生心理问题高发的情况，需要掌握一定的心理学知识。在谈话过程中，要注意观察学生的偏激、偏执、沮丧、攻击性是源自本身的想法、性格，还是受困于情绪，不要一味地与学生对抗，要从心理学的角度更好地理解学生的烦忧。

2. 与家长合理反馈学生情况

辅导员应及时与学生家长沟通学生的情况，但有时学生父母会拿辅导员当评理官，推卸责任，甚至有时家长会反告一状，认为学生在学校受到了不公平的对待。面对前一种，应当及时调整谈话重点；面对后一种时应不卑不亢，如实反馈信息。与家长沟通时要注意措辞，家校能否良好沟通关乎学生的后续发展。

3. 长期关怀支持，做学生的知心朋友

不管学生有多么严重的心理问题，辅导员都不能只看到学生的问题，还应该看到学生的优点。与学生谈心谈话时应平等、积极，发掘学生的优点，激发他们的自信心，同时纠正他们不合理的认知，使他们学会在日常生活中处理自己的情绪。

同时，与学生成为知心朋友，学生面对极端情绪时就会及时与辅导员联系，也有助于各项工作的顺利开展。

作者简介

祝月盈，女，汉族，1992年3月出生，中共党员，理学硕士，讲师，国家二级心理咨询师。2018年9月入职山东科技大学机械电子工程学院从事辅导员工作，现任山东科技大学学生工作部（处）大学生心理健康教育中心正科级干部。秉持  "尊重学生、倾听学生、理解学生"的工作理念，将思想政治教育与心理教育相结合，注重学生内涵的发展提升，积极挖掘学生的独特闪光点，充分调动学生的主动性，使学生把"要我做"转化为"我爱做"。连续多年获山东科技大学新闻宣传先进个人、大学生心理健康教育月活动优秀指导教师等荣誉称号。

辅导员工作感悟

感人心者，莫先乎情，辅导员要用自身的力量感染、引领和服务大学生，坚持走到一线，与他们一起学习、一起生活、一起成长。我将不忘初心，永燃"心火"，做好学生成长成才的知心人、热心人、引路人！

一名精神分裂学生的"逆袭"之路

盖　康

一、案例基本情况

W同学，女，山东烟台人，Y专业原2017级学生，现为2018级学生。W同学高中时就读于当地的重点高中，性格内向，不善与人交际，学习成绩较好，但是数学成绩较弱。由于高考目标较高，W同学压力较大，在进入大学前曾多次咨询心理医生，并曾到当地专业的精神医院就诊。高考结束后，W同学数学成绩不理想，但偏偏选择了数学专业。据该生自述，不是因为喜欢数学，而是因为高考数学成绩不好，所以想在大学重点学习数学。

W同学2017年9月入校后，对于学生活动不怎么积极，平时除了同寝室的人，较少与其他同学交流，朋友较少。在大一上学期期末考试中，出现了多门专业课不及格的现象，在发现数学专业较难时，W同学想转至文科专业，由于身体状况及学习成绩等原因未能成功。W同学于2018年4月初出现思维混乱、臆想等表现，4月4日下午，学院在及时发现该生异常后，迅速派专人陪护并及时与学校心理咨询中心、学生家长进行沟通。最终，在专业医生的建议下，该生休学半年。

2018年9月，W同学出院后，在自身精神状态不佳的情况下，其父母坚持让该生重新回到学校学习，W同学在精神类药物的作用下，体重增加，并出现反应迟钝的现象，对学习和生活中的许多事物都不感兴趣，特别是对数学专业课的学习表现出越来越排斥的状态。在第二次转专业失败后，一度想要放弃学业重新参加高考。

二、组织实施

（一）休学前

经青岛市第七人民医院专业医生诊断，确认W同学患有精神分裂症，医生认定该生已不适合继续在校就读学习，建议立即入院进行封闭治疗。所以，当下的主要任务是安抚学生情绪，确保学生安全，做好家长的沟通解释工作，以便学生能够得到及时有效的治疗。

1. 多方借力，关怀学生

我在了解到W同学的异常行为后，多次主动找该生谈心，及时关注其内心想法变化，不断鼓励该生，运用共情、倾听等方法给予正面影响和暗示，走进学生内心，缓解她的心理压力。同时，通过日常观察、询问班委和同宿舍成员了解该生的具体表现，积极与学校心理健康中心的老师沟通，引导该生前往学校心理健康咨询中心进行心理疏导，并持续关注该生表现。

2. 及时上报，妥善处理

我每次与W同学沟通后，都会进行详细记录。发现该生思想动态发生变化后会及时向上级领导汇报，分析存在的问题和困难，商量下一步的措施。学院在发现该生异常后，迅速安排辅导员及学生干部陪同，并及时联系家长。由于家长第二天早上才能到校，当天晚上两名辅导员及两名主要学生干部陪同W同学在学校酒店入住，W同学在入住的当天晚上出现了暴力倾向，曾两次在语气平缓的交流中突然握拳打我。

3. 联系家长，及时沟通

我在W同学出现异常表现时，及时与家长联系，告知学生近期表现，并询问以往是否出现过类似情况。据家长陈述，W同学从小性格内向，学习勤奋，由于高考目标较高且数学水平较弱导致压力较大，并多次咨询过心理医生。我在与学生家长沟通时注意潜移默化地开展相关心理教育和疏导，争取他们的支持和配合。因精神分裂症患者的表现多样，且W同学存在伤害他人的倾向，所以我请求家长第二天一定要赶来学校。W同学在家长、学院老师的陪同下于2018年4月13日到青岛市第七人民医院就诊，医生诊断其患有精神分裂症，医生认定W同学已不适合继续在校学习，建议立即入院进行封闭治疗。经学院老师的劝说，家长最终同意休学治疗。

（二）休学后

W同学回校后主要面临心理和学业两方面的问题，要从柔性管理、心理帮扶、学业合作帮扶等方面综合考虑。在学生回校后，首先要与家长厘清权利与义务，与家长建立共同管理的工作联盟，签署相关安全管理协议。

1. 以柔性管理对 W 同学展开帮扶

针对W同学的情况，学院采取柔性管理。作为她的辅导员，我主要从以下几方面对该生进行管理。一是站在学生的立场，针对学校制定的不及格分数超过一定学分下达红色预警以及旷课达到一定学时不能参加考试等规范，在执行过程中考虑其心理承受能力，以警示为主，通过日常的谈心谈话，帮助她提高自我意识，使其发现自身存在的问题并引导她加以改正。二是在日常纪律方面，以教育代替管理，考虑到该生在母亲的陪伴下在校外居住，一些活动，如晚自习、早操，允许她不必每日出席，但同时提醒她要利用好这两段时间。有一次晚自习检查时我发现她也在，所以对她进行了鼓励，之后我发现，我几乎每次去晚自习室都能看到她的身影。

2. 制订心理帮扶方案

心理帮扶不仅要帮助她疏导本身存在的精神问题，还要注重解决因学业问题导致的心理问题。针对她本身存在的心理问题，我的解决办法是联动学校心理健康中心—学生家长—班级同学三方面的力量。首先，在征得W同学同意的前提下，由我或她的家长定期陪同她去学校的心理健康中心进行咨询，由专业人员利用专业的知识对她进行心理疏导，并确保及时反馈和掌握她的心理问题。其次，经常对W同学进行家访，与家长建立长期动态化的沟通机制。由于该生和她的母亲都在学校附近居住，方便沟通，通过家访，一是可以通过谈心详细了解W同学平时的状态，使其感受到老师的关爱。二是可以做好该生母亲的教育引导工作，引导她平时不能给W同学太大的学习压力，一切以身体健康为主。最后，要发挥班级中主要学生干部的作用，安排团支书作为信息联络员对其状态保持高度关注，并安排心理健康联络员、学习委员等以女生为主的学生干部在日常的班级活动中多带动W同学参与。

3.制订学业合作帮扶方案

针对W同学对本专业不感兴趣且存在大量挂科的现象，我的解决方案是联动班主任、任课教师—班级优秀学生—学生自身三方面的力量。在每学期开课之前，我会与她的任课老师进行联系，将W同学的情况客观真实地反映给任课教师，希望任课教师能在学业上对她多加关注并重点帮扶，同时多向她介绍本专业的优势和未来的发展前景，增强她对本专业学习的兴趣。期间，也与任课老师建立长期有效的沟通机制，及时了解W同学的上课出勤情况及听课状态情况。班级学生方面，安排学习好的优秀学生上课时坐在她的旁边，课上课后帮助W同学解决不会的问题。同时，在与W同学的日常交流中，也引导她在学习上遇到问题时要主动寻求老师、同学的帮助，鼓励她多去任课老师的办公室请教，多向优秀的同学借阅学习笔记。

三、工作成效

（1）生活上，自2019年下半年来，W同学对大学生活慢慢燃起了希望，有了自己的大学生活规划及未来目标规划，想在保证学习的前提下，充分地享受大学时光。

（2）人际关系上，W同学与班级同学的关系有了明显的改善，从之前的"与周围同学都是陌生人""感觉别人都在用异样的眼光看自己"，到现在在班级有了不少的好朋友，特别是通过参加班级的活动，跟团支书Y同学建立了深厚的友谊。为了方便W同学的生活，学院也在女生公寓楼一楼给她安排了一个床位，方便她利用中午的时间回去休息，W同学与同宿舍的同学也建立了良好的关系。

（3）学习上，W同学自2019下学期开始，学习状态有了明显的提升，不仅能按时出勤，还提前坐到教室最前排，课上大胆地与任课教师沟通，课后也能积极借阅同学的笔记温故知新。特别是在2019年12月份的期末考试中，W同学不但把之前挂科的课程全部补考通过，连本学期的所有课程也一次性全部通过。相信，未来在家长、老师及同学的共同帮助下，W同学一定能取得更进一步的发展。

作者简介

盖康，男，汉族，1991年3月出生，中共党员，工学硕士，讲师。2018年3月入职山东科技大学数学学院从事辅导员工作，现任山东科技大学数学学院学生工作办公室正科级干部。致力于打造"一个中心，二个阵地，三个突破口"的学风建设工程，面对学风建设难题，多次开展调查研究，制定并实施"三风"建设方案。所带学生涌现出学霸宿舍5人齐保研，班长和团支书、"学霸"情侣考研上岸同所双一流学校等典型事迹，并被多家主流媒体报道。学生在全国计算机大赛、数学建模等国家级B类赛事获金奖、一等奖、二等奖十余项，获省级以上奖励340余项。

辅导员工作感悟

生活好像万花筒，辅导员的生活则像一个五味瓶：酸甜苦辣咸，五味俱全。繁杂琐碎的工作且不说，单是每日应对那一群年龄相仿、思想各异的学生的问题，如果没有一颗真正关爱他们的心，工作就很容易流于简单化、机械化。总结辅导员工作，感慨良多，我觉得要使一个班级有良好的班风和强大的凝聚力，除了认真做好一些常规工作外，最重要的是要有一颗爱心，要严出于爱、寓爱于严、严而不凶、宽而不松，把学生当作自己真正的朋友。

用爱呵护成长，用心诠释责任

——单亲家庭学生的教育与管理

秦泽川

教育心理学中指出，学生心理异常往往与自身的生活环境息息相关。如今，社会上许多单亲家庭的学生存在一定的心理问题，主要是由单亲家庭平时教育不及时、不科学、不到位导致的。所以加强对单亲家庭学生的心理疏导与教育管理具有重要意义，要用爱的语言打开心结，用爱的行动传递温暖，用爱的鼓励促使成长。

一、案例基本情况

不良的家庭环境对单亲家庭孩子的身心发展造成了一定的影响。一名19岁的单亲女大学生让我印象深刻，她是由母亲独自抚养长大的，母亲平时的管教比较严厉。通过与她多次交流，我发现她存在以下几个方面的问题。

（一）纪律散漫，逆反心理强

性格外向，但内心脆弱、敏感，遇事比较容易冲动，脾气有些倔。织纪律观念弱、集体意识不强，对老师的批评不予理睬。大一刚入校时，就不遵守校规校纪，自控能力差，经常旷课。

（二）想法奇特，防范意识差

想法比较多，思考角度奇特，不能正确认识和评价自身行为，不能正确认识到问题的严重性。她曾遭遇电信诈骗，由于防范意识不强被骗取了一些生活费，得知此事后我立刻与她到派出所报了案。在派出所她跟我讨论此事，她感觉骗子很可怜，为了少许的钱财就要坐牢，在交谈中没有意识到自己的问题。

（三）我行我素，社交能力差

不遵守宿舍的一些规定，私自使用违禁电器。在宿舍用电煮锅做饭，导致宿舍有很浓重的味道，影响了舍友正常的生活、休息，舍友劝说无果，进而引发了宿舍矛盾。在一次交谈中，她表示自己想单独出去住，不愿意与舍友相处，宿舍里没有可以交心的好朋友。

二、组织实施

（一）悉心倾听，及时沟通

作为高校学生的辅导员，对学生的教育、管理要耐心、细致。目前，我负责2019级的6个班，共210人，我与每个学生都从多方面进行了沟通，与她谈心谈话的时间最长、次数最多。我悉心倾听她的真实想法，随时关注她的思想动态，营造平等交流的良好氛围，有效舒缓她的心理压力。而且在理清思路的同时，我针对她存在的问题逐步开展深度辅导，及时抓住重点，加强交流。她虽然想法奇特，但对每件事情都会从各方面去考虑，只不过由于生活经历和社会经验的缺乏，最终产生了一些不合理的想法。她喜欢的课程一次没有逃过，说明她有一定的学习积极性，但没有意识到全面学习的重要性。在宿舍做完饭，会与其他同学分享，但没有意识到违纪之后对宿舍乃至班级的影响。这些现象说明她需要多方面的引导。

（二）尊重理解，以诚相待

教育管理的成功离不开彼此尊重，尤其是对待单亲家庭的学生，更要多一些宽容与理解，多一些真诚与关爱。我尊重学生的想法，努力成为她的朋友，敞开心扉包容她的不足。在她出现不良言行的时候，我不会直接批评她、嘲笑她，我知道只有给予她改正的空间，才能减少负面情绪的不良影响，使她逐步成长起来。

（三）多管齐下，细致疏导

经过多次交流，她意识到了自己有很多不足。她想改变现在糟糕的状况，但没有改正的勇气，觉得室友看不起她。辅导员的工作不单是思想教育，还是一场爱心接力。我安排她所在班级的班助、班长与她沟通，用爱心去感染她，促使她积极与同学交流，在同学间架起友爱的桥梁；我还找到她崇拜的学生，用榜样的力量去激励她，帮助她切实摆正自己的位置，提高自身能力和素质。另外，与她所在宿舍的其他学生沟通，让舍友知道她的难处，多多体谅她，并积极与她沟通，利用集体的力量帮助她成长。

（四）发现亮点，多加夸赞

该生是在单亲家庭长大的，缺少完整家庭的爱，经过多次接触，得知她母亲总是批评他，很少夸赞，因此常常会感到自卑和不自信。于是，我细心捕捉学生身上的闪光点，多多关注学生的特长，用优点弥补缺点。她喜欢唱歌，并在校园活动中获得过较好的名次，我会当面夸赞她，并告诉她：明星不能只是歌唱得好，做人也要优秀。在表扬她的时候，让她也意识到逃课违纪是不好的行为。当我发现她有所改善时，及时表扬她、夸赞她，并通过微信、QQ为她点赞，让她认识到自己努力的结果并对自己充满信心。引导学生看到自己的闪光点和特长，有助于实现更大的突破，学生将会有更多的可能。

（五）举实例、多讨论，增强防范意识

在网上搜集一些学生由于安全意识薄弱造成不良后果的案例，如上海商学院女生宿舍失火的新闻报道，让她们宿舍集体观看并讨论。这样不仅让她意识到一些安全隐患，也让她们宿舍多了一些交流的机会。

三、工作成效

通过开展上述各项工作，该生做到了上课不逃课、不迟到，积极与同学交流学习遇到的问题，认真复习功课，学习劲头有所提高；所在宿舍没有再出现违纪现象，安全意识得到增强；该生与舍友的关系日趋融洽，没有了搬出去住的念头，帮助其他同学解决方方面面的问题，自信心有所提高。

培养社会主义建设者和接班人、砥砺担当民族复兴大任的时代新人，需要教育更好地"塑造灵魂、塑造生命、塑造人"。从这个意义上说，遵循教育规律，筑牢公平基石，锐意改革创新，让每一个孩子都能够在时代发展之中放飞梦想、成就人生，我们就能够凝聚起追梦圆梦的力量，为未来发展提供坚实的人才支撑。

作者简介

秦泽川，男，汉族，1988年11月出生，中共党员，理学硕士，讲师，创新创业指导老师。2019年8月入职山东科技大学文法系从事辅导员工作，现任山东科技大学智能装备学院学生工作办公室副科级干部。坚持立德树人根本任务，认真工作，全方位管理学生。引导学生树立正确的世界观、人生观、价值观，了解每一名学生，成为学生的知心朋友。加强班级建设，树立良好的班风、学风。积极鼓励学生参加"互联网+"大学生创新创业大赛、大学生商业精英挑战赛等各项科技创新比赛，提高学生的综合能力。引导学生全面发展自己，鼓励学生参与各类社会实践，养成终身学习的好习惯。

辅导员工作感悟

"路漫漫其修远兮，吾将上下而求索。"一代又一代大学生的成才路，就是辅导员平凡的人生路。我想只有踏踏实实地工作，兢兢业业地做人，才能达到预期的效果、做出良好的成绩。始终坚持"一切为了学生，为了学生一切，为了一切学生"的指导思想，为实现中华民族伟大复兴的中国梦而努力奋斗，培养出可堪民族复兴重任的时代新人。

学会和原生家庭分离，你才能真正成熟

——焦点解决短期治疗离异家庭大学生个案分析

鲍娜娜　高　静　刘　超

一、案例简介

小李，男，山东济宁人，某学院2019级学生。刚进入大二，他便向我提出更换宿舍的要求，理由是和宿舍同学相处不来，想换个环境。在深入了解后，得知他和舍友的交往出现了问题，他不善言谈，穿着另类，平时独来独往，喜欢早睡早起，舍友对他的行为很反感。随即，我单独找他谈话。小李本人坦言心理压力很大，不想学习，一开始并不肯向我敞开心扉，深入约谈后，我了解到其父母感情不和，在他上高中的时候已经离异，这对他产生了很大的影响。

二、案例分析与处理

在与小李沟通的过程中，我首先认真倾听，引导小李充分地倾诉内心感受，让小李感受到被接纳和理解。收集第一手信息和资料，通过生理、心理、社会三方面对小李进行风险评估。生理层面有无实质的躯体性疾病；心理层面有无自杀风险，社会层面有无实际的生活困难等。接下来，我主要运用焦点解决短期治疗对小李进行咨询。

焦点解决短期治疗（Solution-Focused Brief Therapy，SFBT）是后现代心

理治疗范式的主要代表。SFBT秉持以下观点：问题不见得被解除，但解决之道仍可尝试去建构。事情没有绝对的因果论，当事人的解决之道也不见得会与任何被当事人与咨询师确认的问题有直接关联。不以病理性视角来分析问题成因，很少关注和诊断当事人的成长史，而是未来导向，强调建构目标和解决之道。

（一）通过开放性提问对小李开展摄入性会谈

焦点解决短期治疗主张多进行开放式提问并逐步开展摄入性会谈，大多以"你认为""你觉得""如何"等为问句，提问并没有单一答案。小李认为父母离异就是"天塌下来了""自己无路可走"，把逃避作为"解脱"的一种方法。通过开放性提问，了解到小李的家庭氛围十分冷漠，引导小李从原生家庭发现问题，告诉他父母的事情我们没法支配和决定，只能尊重他们，客观面对父母的决定。

（二）利用语言转换和发掘"例外"拓展小李改变的可能

焦点解决短期治疗非常重视语言的转换，通过语言上一点一滴的转换，慢慢抵消来访者对自己以及有关问题的消极看法。比如，小李面对原生家庭的支离破碎，最常说的一句话是："我已经看不到任何希望了。"这时候我就迅速回应道："到目前为止，你还没有看到任何希望。"这个回应既精准，又及时与他进行了共情，把他自认为那种永久的、不可改变的态度调整为某个时间段（即只是到目前为止）的状态。焦点解决短期治疗还颇为重视发掘来访者的"例外"情形，尽可能拓展来访者改变的可能。实际上，一个人在生活中遭受再大的困难，也不会一直是这样，总会有"例外"的情形。它本质上代表着一种期待，对寻求解决方法的期待。

譬如问小李，"最近你有从痛苦中解脱出来感到片刻好转的时候吗？""当你不去考虑你的原生家庭时，你觉得和现在有什么不同？"……焦点解决短期治疗认为，每个人都是自己生命的专家，每个人都特别愿意去做那些自己已经做过的、熟悉的、成功的事情。和小李深入探讨这些"例外"事件是如何发生的，并充分挖掘其过去成功的方法和经验。

（三）"奇迹提问"帮助小李跳出问题寻找解决方案

奇迹提问是焦点解决短期治疗的核心方法，直接切入问题重点，让其想象解决问题时多方面的身体体验；也是让来访者去想象没有当下问题时的未来状况，进一步引导其实现"从陷入问题的思考向解决问题的思考的戏剧化转变"。小李在回答我的奇迹提问时，会主动去想象，随着奇迹问题的引导想象不断推进，就会在日常学习生活中发生悄然的、渐进性的积极改变。通过提问"假设一个奇迹发生了，你的问题都消失了，事情会有哪些变化？""你注意到的第一件事情是什么？"……引导小李把对现状问题的聚焦转向对未来的期许和当下的行动。当他知道原生家庭并不会影响他全部的时候，他就可以在内心描绘现实的蓝图，并力求用自己的行动实现它。

（四）刻度化提问及时觉察小李的优势并赞赏鼓励

刻度化提问能够及时有效地帮助来访者进行自我评估，了解目前的情绪状况以及认知状态。从当前可利用的外部条件和自身能力出发，与小李一起思考建构目前切实可行的计划并制定具有可操作性的行动任务。"你觉得现在可以做些什么来帮助缓解一下自己的状态？"运用评量问句"如果采用10分制，10分是你达成目标的执行力满分，1分是相反的状况，你觉得自己现在在几分的位置？""如果要让这个分数提高一分，你目前可以采取的第一个一小步行动是什么？"焦点解决短期治疗经常利用许多直接和间接的赞赏，着力凸显和强化来访者的优势和有效资源。小李高中时父母离异，之后努力考上大学，通过提问"你是怎么做到的""你是怎么面对的"等间接赞赏小李并引导其反思自己具备的能力。有时候也运用抬眉、睁大眼睛以及微笑等非语言形式，表现出对小李的勇气、不屈不挠与问题抗争等的欣赏。

（五）布置"家庭作业"，巩固可能发生的变化

布置"家庭作业"是与来访者交谈后，提供一些反馈建议并交代下一步应做的事情等。焦点解决短期治疗经常使用的"家庭作业"是"焦点解决第一次格式化任务"，如"在这次见面后，注意生活中那些你希望继续发生的事情"等。提供这样的建议作业，有助于促进小李建起一座"穿越问题的桥梁"。有时候，也建议他把那些自己想要继续的事情写下来，放在自己的枕头下面，帮助小李意识到那些已经发生的、可能非常可怕的事情"都会过去的"，这并不是他生活的全部。

除了和小李谈话外，我还积极与其父母进行沟通，告诉家长虽然他们已经离异，但是不能忽视对孩子的关爱，让他们了解到父母的关爱以及良好的家庭环境有益于孩子的健康成长，要经常与孩子沟通。通过朋辈互助，让班

级心理委员或小李信赖的同学定期与其沟通互动；同时，告知其学校心理援助热线，以获得更多的社会支持。

三、成效与启示

经过大半年无数次的谈话，小李坦言："我感觉心情好多了，睡眠也好了，对未来充满了期待。"我也发现他情绪状态良好，和舍友、同学的关系逐渐缓和，并且有了明确的生活和学习规划。

（一）建立特殊学生档案，加大时间投入帮扶

特殊学生档案的建立，有利于教育者有针对性地开展思想教育工作。特殊学生档案主要包括学生的基本资料、既往病史、智力状况、心理特点和自我定位等。强化原生家庭有问题学生的交往意识，鼓励班级同学伸出友谊之手，形成帮帮团、互助组，建立教师、班干部、舍友共同帮助的帮扶模式。

（二）挖掘学生已有的闪光点，增强自我效能感

原生家庭有问题的孩子通常容易自卑，习惯将自己包裹隔离起来，要在交流中努力发现其身上的长处，尽量去放大其优点，及时鼓励，长期关注。通过一件件小事的成功，增强学生的自我效能感，培养其积极主动的态度，提高他们应对压力和挫折的能力。

（三）提升队伍业务素质，加强教师心理技能培训

此案例成功的关键之处在于辅导员有效运用焦点解决短期治疗对该生进行了有效及时的心理疏导。面对当今大学生心理问题越来越多的形势，一方面学校要对班主任、辅导员等加强各种心理疏导专业技能的培训，学会初步识别心理问题和实施简单的心理干预；另一方面，班主任、辅导员等也要不断提高自身修养，加强心理学知识的学习，掌握学生心理健康状况的鉴定方法。

作者简介

鲍娜娜，女，汉族，1985年1月出生，中共党员，教育学硕士，讲师，国家二级心理咨询师。2018年9月入职山东科技大学土木工程与建筑学院从事辅导员工作，现任山东科技大学学生工作处正科级干部。坚持思想政治教育与心理健康教育协同育人，运用"尊重、倾听、无条件积极关

注"等心理学方法，打通二者协同育人渠道，成为学生最信任的"心灵守护者"。将"四有"好老师内化于心、外化于行，围绕为党育人、为国育才使命和立德树人根本任务，将心理学、网络思政、美育融合创新，探索形成了"融入心理元素的微网络美育"辅导员特色工作法。

辅导员工作感悟

学高为师，身正为范。辅导员作为大学生思想政治工作第一线的组织者、指导者和实施者，要坚持言传与身教相结合，做好学生的表率，用高尚的道德情操感染学生，用真理的力量感召学生，用扎实的学识赢得学生，为学生点亮理想的灯、照亮前行的路、温暖年轻的心。功成不必在我，功力必不唐捐。辅导员工作是一份良心活、是一场接力跑，我们要坦然面对是非成败，正确看待个人发展与学生成长成才，回归育人初心，将潜心育人作为价值取向与人生追求。但人生没有白走的路，每一步都算数，只要葆有板凳甘坐十年冷的耐力与定力，我们终将迎来属于自己的碧海蓝天！

红涨绿跌？莫把大学当股市

——记一名"离群雁"的回归

赵　铭

一、案例基本情况

小杨，男，我校2019级学生。家境一般，父母均为某公司普通员工。自入学以来，任课老师及班干部均反映小杨学习态度消极，上课不听课、不交作业、不参加小组讨论，长期沉迷炒股，甚至持续旷课躲在宿舍用电脑盯盘炒股。精神日渐萎靡，不修边幅，不参与集体活动，独来独往，无论是课堂还是课外，均较少与他人交流。前三学期小杨多次挂科，不管是学业发展还是综合发展均"亮起红灯"，学习成绩和综合测评在班内倒数第一，辅导员与班主任多次提醒、谈话均无效果。大二下学期，一次辅导员与小杨谈心谈话时，小杨突然拿出一份某三甲医院开具的诊断书，表明自己患有中度抑郁并伴随焦虑，已严重影响身心健康，无法坚持在校学习、生活，因此提出退学申请。

二、组织实施

（一）思想高度重视，沉着冷静应对

近年来，大学生心理危机事件频发，因此对于小杨表明自己患有中度抑郁这一事件，辅导员必须引起高度警惕和重视。同时，也要保持头脑冷静，调动所学的心理健康知识、安全防范知识甚至是法律法规知识，对学生的情况进行仔细研判，制订处理方案，避免自乱阵脚。

（二）扎实知识储备，做到心中有谱

毛泽东曾说，不打无准备之仗。因此在着手处理小杨的事情之前，我首先认真学习了抑郁症的成因、症状表现、诊断标准和治疗方式等知识，了解到抑郁症可能由遗传、性格内向、情绪易波动、重大负性生活事件、长期压力大等所引发，其典型症状包括心境低落、兴趣减退、睡眠障碍、食欲下降、精力不足或疲劳、自我评价低、无价值感、悲观甚至是自杀想法及行为，且症状至少持续2周以上。

（三）多方搜集信息，做到全局在胸

（1）与班长及主要学生干部谈话，了解小杨在班级内的表现。得知小杨虽然不积极参与班级集体活动，但是基本能做到配合班级工作，与人沟通时礼貌得体、进退有度、情绪稳定、态度谦和，并且思维敏捷。

（2）通过与小杨的舍友谈话，得知以下信息。小杨作息规律，每天定时起床打开电脑盯盘炒股，饮食正常，且未发现身体异常情况；虽然长时间坐在电脑前沉迷于股市交易，但是闲暇时也会主动与舍友分享自己的炒股心得，神采飞扬、颇显骄傲。

（3）主动联系小杨家长，了解家庭背景、争取家校联动。小杨父母均为普通公司职工，受亲戚影响，近几年开始投资股票，因此对小杨的炒股行为也并不反对，甚至对其盈余给予肯定和鼓励。但是家长对小杨近期在医院诊断为中度抑郁的情况并不知情，听到小杨要因此提出退学申请，家长表示十分担心，一方面不想让小杨的大学生涯就此中断，另一方面也担心小杨的健康状况。

（四）尊重理解、积极关注，找准症结、有的放矢

综合以上所了解到的小杨家庭背景、学习情况、日常表现，结合心理健康知识，初步研判这是一例学业困难与心理问题相结合的案例。不可否认的是，小杨学业困难的背后的确存在一定的心理症结和价值取向偏差问题，但案例重点并不是小杨所说的"中度抑郁"，而是学业困难。我也发现在消极的外表下，小杨具备不少优秀的品质，如聪明、学习能力强（高考前冲刺一个月取得好成绩）、彬彬有礼（为人处世十分得体有礼貌）、做事有毅力、有较强的个人能力（制定了详细的股市操盘攻略，每天坚持准时盯盘，且有一定盈余）等。针对以上特性，我点面结合、家校联动，制定了以下帮扶举措。

1. 尊重理解，稳定情绪

在前期的谈话中，主要运用倾听、共情、积极关注等技巧，表达关心，

消除小杨的防备心理。首先，详细询问日常表现、情绪状态及其就医前后的情况，结合其他渠道了解到的信息，进行综合研判。其次，积极关注，对他利用炒股所得来补贴家用、减少家庭经济压力的行为表示肯定，承认他身上积极的一面。最后，站在小杨的角度思考问题，看到小杨对于学业困难的内疚和为难，帮助他宣泄不良情绪、缓解焦虑，建立良好安全的关系，为以后的工作打下基础。

2. 切中要害，有的放矢

在建立起坚实的关系后，与小杨站在同一战线，共同分析其面临的问题。首先，向小杨说明自己所了解掌握的他的日常表现等具体情况，与"中度抑郁"的表现并不符合，对此寻求他的真诚回应。其次，对他当下的处境表示理解，当炒股可以给自己带来即时收益时，找不到学习的意义，感到十分迷茫。最后，帮助他从不同的角度思考解决方法，让他认识到面临学业困难，退学不是唯一更不是正确的解决办法。在此次谈话中，小杨放下了戒备，坦白自己通过夸大症状的方式拿到了"中度抑郁"的诊断，想要以此为借口达到退学的目的。

3. 积极评价，调节认知

此时师生双方已经能够相互信任，因此本阶段主要进行认知干预、价值引导。针对小杨的认知偏差、不合理的观念，采用认知疗法进行心理干预和思想教育，帮助他认识到自己陷入了满足于短期炒股收益的陷阱而忽略了长期的自我进步。同时，引导他认识到不应该仅看到一得一失的"小我"，而要认真学习、苦练本领，做致力于为国家发展和社会进步贡献力量的"新青年"。

三、工作成效

（一）后续进展

经过阶段辅导，小杨对自己以"中度抑郁"为由欺骗辅导员的行为表示歉意，并且也认识到了自己申请退学这一想法的不成熟。经过一学期的休学调整，小杨已主动申请复学。他表示将认真思考自己作为大学生的主责主业，重新找到自己的生活重心。

（二）启示与思考

（1）从此个案来看，受当今多元价值文化的影响，大学生的成长也呈现出新的特点。对于辅导员来说，工作环境在变，工作对象在变，因此更需要转变工作方式方法和工作理念。辅导员是做"人"的工作，掌握每个学生的个人情况，建立"一生一册"，处理具体问题时大处着眼、小处着手，才能提高工作的针对性和有效性。

（2）思想政治教育是一项系统而复杂的工程，大学生出现的问题往往是多种原因导致的。因此，辅导员一方面要多参加培训，提高自己的知识储备和综合素质；另一方面要注重平时积累，练就"慧眼如炬"，提高应对各类问题的能力，把解决学生心理问题、思想问题与解决实际问题相结合。

作者简介

赵铭，女，汉族，1994年2月出生，中共党员，教育硕士，讲师，国家三级心理咨询师。2019年9月入职山东科技大学测绘与空间信息学院从事辅导员工作，现任山东科技大学学生工作部（处）心理健康教育中心副科级干部。深入探索心理育人途径，涵养大学生积极心理品质。通过个体咨询、团体辅导、讲座等形式，用大学生喜闻乐见的方式疏通学生的心理问题，解决学生的困惑，促进学生自由、健康、快乐成长。

辅导员工作感悟

赓续百年初心，担当育人使命。习近平总书记说过："青年是整个社会力量中最积极、最有生气的力量，国家的希望在青年，民族的未来在青年。"朝气蓬勃的青年学子承载着祖国未来的希望，作为一名高校思政工作者，我们要把个人理想和民族复兴融合起来，艰苦奋斗，练就过硬本领，勇担时代使命；更要将这份嘱托践行在工作岗位上，积极引导新时代大学生树立远大理想，扣好人生的"第一粒扣子"。

守得"昀"开见月明，静待"画"开终有时

——利用绘画心理治疗技术解决学生心理问题案例

李玲玲

一、案例基本情况

大一女生昀画（化名——本案例采用绘画心理治疗技术，"昀"为日光之意，寓意借助绘画打开心门，注入阳光，帮助学生走出心理阴霾），入学以来一直存在严重的情绪困扰，睡眠质量很差，夜里常常做噩梦，且饮食不规律。感觉生活没有动力，常常自我否定，存在强烈的厌学情绪，曾多次有过自杀想法。医生诊断为恶劣心境、人格特点突出。

二、组织实施过程

挂掉咨询秘书的电话后，我便匆匆赶往咨询中心。黯淡的天空遍布着阴霾，在咨询室见到昀画的时候，她也如这天空一般晦暗无光。

她是被辅导员转介到咨询中心的。经过简单的交谈，我了解到她因父母过于强势，凡事都不能自主而长期陷于情绪困扰，自我认同感较低，内心极度缺乏安全感和信赖感，存在一定的自卑心理和认知偏差。高考填报志愿时，父母按照自己的意愿强行为其选择了不喜欢的专业，她由此感到人生无望，生活失去动力，自我评价偏于负面，甚至产生了强烈的厌学情绪，社会功能受到一定影响。

针对昀画的现实状况，我决定利用绘画心理治疗技术对她进行认知和行为辅导，帮助她早日走出心理困境。

（一）以画动心，情感支持

我让她画了一幅"房树人"主题的画（图1）。首先利用绘画问诊技术让她对自己的画进行描述；之后采用倾听技术，给予积极关注和正向反馈，针对画中的疑点进行提问，通过提问引导她进行自我探索，正视自身存在的问题；然后通过绘画澄清技术表达共情，让她感受到被尊重、被理解；最后通过绘画解析技术，引导其主动思考，发掘有利资源。

图1　落寞小仙女

"从绘画心理学的角度来看，房屋通常体现着一个人对家庭的看法，你把房屋画在了中间偏左的位置，而且画得很大，说明你很看重家庭，但是房屋的侧门又显示了你想要逃离，说明你对家的感受不好。你渴望与人交往，但图中的网格窗和门前的石板路则表明你在人际交往中存在一定的防御心理，不会轻易向别人敞开心扉。树干上的伤疤代表着你在成长过程中存在一些创伤体验，但是你自身的能量还是比较强大的，对未来仍抱有一定期待，有时心里会觉得委屈，特别渴望得到关爱与呵护，也很想反抗权威，是这样吗？"

听着我对画的解析，她惊讶的眼神中带着一丝被深深理解的欣喜，我从这欣喜中捕捉到了一点亮光，这亮光源自她对我的信任。

通过进一步深入交流，昀画逐渐敞开心扉。她告诉我，自己是在父母的斥责和打骂中长大的，印象最深的是高中时母亲歇斯底里地冲她咆哮："你怎么不去死？"那一刻，她彻底崩溃了，哭着冲出家门，将无数次浮现于脑海中的自杀想法付诸行动……

（二）以画绘心，认知重建

往事重现，她没有丝毫动容，仿佛在讲述别人的故事。由于她的情绪长期得不到父母的关注和回应，长久的压抑让她形成了不合理的心理防御机制。于是，我利用绘画情绪宣泄技术帮她疏导情绪，并以此对她进行压力评估。当昀画对"雨中人"主题的画（图2）进行描述时，我感受到了她内心的委屈以及对父母的排斥和抵触：宁愿把自己最心爱的手机扔在雨中，一个人伤心地痛哭，也不愿意接听父母的电话……

图2　哭泣的手机

　　我运用评量问句引导她进行自我觉察，"如果以0分～10分为标准，10分带给你的感受最好，0分最差，你会给这个画面打几分？"2分的答案验证了我的猜测，长期沉重的压力加剧了她的负面情绪，形成恶性循环。随后，我利用绘画增减技术帮助她通过调整画面，启发自身思考和领悟，增强自我效能感，提升实现目标的动机水平和行动力，从而引发情绪与行为的相应改变。

　　每周一次的面谈，我都会给昀画提供一些心理上的支持，帮助她深入挖掘现有的资源，从家庭、朋友、老师和同学中寻找人际支持。通过绘画焦点治疗技术帮助她调整认知，寻求解决问题的有效策略，引导她进行深层次的内心体验和自我探索，最大限度地启用自身内在解决问题的资源。

　　在我的引导和鼓励下，昀画的状态逐渐好转。通过对下面这幅登山图（图3）进行探讨，她领悟到，登山的过程就是她解决问题的过程，图中的阴影表明她仍然存在一定的不良情绪，但是站在半山腰眺望远方的她，已经能够主动面对困难，不再害怕退缩。四周环绕的青松则表明她想要逆风翻盘，向阳而生。

图3　一览众山小

（三）以画塑心，自我成长

最后一次会谈时，我没有给她限定绘画主题，而是让她自由发挥，更加充分地表达最真实的内心世界。她画出了自己向往的场景（图4），开心地畅想着未来的生活。她调皮地用手指比了个心，露出了甜美的笑容："老师，谢谢您这段时间的陪伴和支持，带给我很多温暖和鼓励，让我在绘画中学会了自我成长，学会了与过去和解，也学会了如何寻找有利资源帮助自己走出困境。未来的日子里，我一定会好好爱惜自己，努力奋进，活出自己的精彩！"

看着她明媚的笑容，我由衷地为她感到高兴。

图4　加油向未来

三、工作成效

与初次会谈相比，昀画的状态明显好转，睡眠、饮食和情绪状态均得到有效改善，并且在集体活动中重新找到了自信，厌学情绪也得到有效缓解。在学习、生活中遇到困难时，能够积极主动地想办法解决，同时也慢慢学会了理解和接纳父母。通过这个案例，我也得到了不少启示。

（一）关注特殊群体，健全预防机制

像昀画这样存在心理问题的学生并不在少数，而且呈现出日益增多的趋势。昀画很幸运得到辅导员的及时关注，第一时间转介至咨询中心，并得到有效的心理危机干预，才能顺利走出心理困境。作为辅导员，关心关爱学生是我们的职责，尤其是对于特殊学生群体，我们要及时摸排关注，建立特殊学生档案，健全心理危机预防干预机制，提高工作的前瞻性，从而精准掌握他们的心理动态，把握其情绪、情感走向，助力特殊学生健康成长。

（二）完善知识体系，提升专业素养

我为昀画量身定制的绘画心理治疗方案取得了显著成效，让我意识到专业的心理辅导对于学生成长成才的重要性，也让我更加坚定了运用绘画技术帮助学生解决心理问题的决心和信心。作为辅导员，我们必须及时"充电"，努力丰富自己的知识体系，提升自身的专业素养。只有这样，我们才能通过"冰山一角"及时发现学生存在的问题，并利用自身掌握的专业知识和技能，及时有效地帮助学生解决面临的各种问题和困扰。

（三）善用倾听共情，合理疏导情绪

在和昀画的沟通交流中，我适时运用了倾听共情技术，让她感受到自己是被尊重、被理解、被接纳的，并运用绘画情绪宣泄技术，帮助她合理疏导不良情绪。作为辅导员，我们在和学生沟通交流的过程中，要善于倾听、合理疏导，引导学生充分倾诉内心感受并给予适当的正向回应。同时，要学会换位思考、深度共情，设身处地理解学生的痛苦和烦忧。只有这样，学生才能更加深刻地感受到我们的真诚，才会更加信任我们，我们的教育管理才能达到事半功倍的效果。

（四）寻求多方支持，形成工作合力

在该案例中，我通过绘画技术引导昀画主动发掘身边的有利资源，寻求老师、家长和同学的帮助与支持，不断完善社会支持系统，使她最终走出心理阴霾。作为辅导员，要充分认识到学校、家长、老师、学生是一个"命运共同体"，在处理学生问题尤其是特殊学生问题时，我们要善于寻求多方支持，利用各种资源，帮助学生增强社会支持系统，有效缓解心理压力，重塑和谐人际关系，必要时可转介至医院，寻求专业医生的帮助。只有多方共同努力，形成工作合力，像昀画这样的特殊学生才能尽早摆脱心理困境，云散花开，最终实现人生理想和个人价值。

作者简介

李玲玲，女，汉族，1982年3月出生，中共党员，工学硕士，副教授，国家高级职业指导师、国家三级心理咨询师、绘画心理分析师。2011年8月入职山东科技大学化学与环境工程学院从事辅导员工作，现任山东科技大学化学与生物工程学院学生工作办公室正科级干部、山东科技大学大学生心理健康教育中心咨询老师。深入探索"智育+德育+心育"模式，着力打造"学风建设为主线，网络思政为浸润，心理健康教育为支点"的"一机两翼"育人模式，并有机融入大学生培养全过程。开通"零玲微语"个人微信公众号，撰写原创文章30万字，创办"沐心"心理讲堂、"画"说心理团体辅导系列工作坊，构建六级"金字塔"网络组织体系，实施"五个面向"党支部提升计划，深化"化海扬帆"领航工程，聚焦学风建设，引领学生德智体美劳全面发展。

辅导员工作感悟

"以身教者从，以言教者讼。"十余年的辅导员生涯，我始终以初心陪伴学生成长，为学生搭建梦想的阶梯，用实际行动引导并带动学生努力拼搏，实现人生理想。学生们真诚的回馈更加坚定了我致力于做一名永葆"三真四心"辅导员的决心——用真诚打动学生，用真心关爱学生，用真情温暖学生。始终做学生的知心人、贴心人、暖心人，做学生工作的用心人，努力成为学生成长成才的人生导师和健康生活的知心朋友。

用心倾听，用情浇灌，用爱守护

——学生心理危机处理工作案例

韩晓旭

一、案例基本情况

刘某，男，19岁，出生于山东省某沿海城市，自他入学以来，发现其情绪十分低落，郁郁寡欢，对什么事情都提不起兴趣，每天都沉浸在悲伤的情绪之中。我第一次发现这个学生的情况是在新生入学教育的当天，我开完班会后刘某把我叫住，说想和我谈谈，还没说几句话，刘某的眼泪就流了下来，哭得十分伤心，我急忙安慰他，并询问伤心的原因。他说这里的生活环境和家里不一样，感觉空气很干燥，食物吃不惯，非常咸，每天不怎么吃得下去饭，宿舍住着也不舒服，想要退学回家。发现他的消极情绪后，我立刻跟他一起回到办公室，陪他聊天，帮助其稳定情绪。

1. 学生个人自述

刘某认为大学生活与自己想象的不同，感觉自己极度不适应学校生活，饭菜不合胃口，与周围的同学相处不来，感觉大家都不喜欢自己。自己来到学校后感觉看不到未来的希望，整天沉浸在悲伤的情绪中无法自拔，只要想到在学校里就透不过气来。

2. 家长叙述

刘某自从上小学以来，就是令老师比较头疼的学生，适应能力非常差，每次入学前都吵嚷很久，好不容易才能哄去学校，他进入大学后出现这种状态也是意料之中的。其实，他是个很单纯的孩子，从小没有离开过家，来到一个陌生的地方非常不适应。我们每天都跟孩子通话一个多小时，尽量地跟他讲道理，听他讲每天发生的事情，帮助他慢慢适应大学生活。

3. 他人观察

刘某平常与同学相处时并未表现出太过悲伤的情绪，肢体行为协调，未发现其有极端想法，情绪感知较为敏感，对周围人的行为容易过度解读，从而认为其他同学可能不愿与自己相处。在交谈的过程中，刘某一直强调自己非常想离开这里，谈话中常常低头或目光闪躲，偶尔与我对视也马上低下头去，有些拘谨和不自信。

通过多方了解，发现刘某属于典型的初入大学不适应从而产生诸多负面情绪的案例。经过一个学期的心理疏导以及采取一系列有针对性的解决措施，刘某渐渐适应了大学生活，与班级同学也慢慢熟悉，积极地面对学习生活。

二、组织实施过程

（一）案例原因分析

1. 角色认同感尚未建立

在刘某的认知中，他认为自己仍旧是一个小孩子，从未意识到自己已经是一个成年人了，需要学会自己面对问题、解决问题。进入大学后，每一个学生都要面临生活环境的转变，从依赖父母逐渐走向独立，适应自主的生活。由于上半年的疫情，刘某在家与父母待在一起的时间比较长，突然让其承受生活环境的巨大转变，刘某在生理上、心理上都出现适应不良的情形，常常会出现抑郁、低落的情绪。如果此类消极情绪不及时排解，可能会产生严重的心理问题。

2. 自身存在性格缺陷

刘某性格内向、敏感，不够独立、勇敢和坚毅，常常有畏难和逃避情绪，抗压能力较差，面对自己不能掌控的事情常常会情绪崩溃。另外，刘某的人际交往能力、表达能力、抗挫折能力、心理承受能力较差，认知能力存在明显缺陷。

3. 家庭教育存在偏差

父母从小对孩子比较溺爱，很多事情都帮学生解决。父母过多干预，导致学生过于依赖父母，一旦进入大学离开父母的保护，就会失去外在的社会支持力，无法建立社会认同感，导致其无法独立面对生活。

（二）解决思路与过程

1. 爱心——驻足倾听，寻找问题本质

（1）建立良好的信任关系。首先，我与刘某建立信任，让他放下心中的不安与迷惑，愿意敞开心扉与我交流。其次，我与刘某约定，只要他不开心、不高兴，随时都可以联系我，每次谈话的内容我都会保密，让他尽可能多地表达自己的情绪。再次，我每次与刘某交流都会选在安静的办公室，让他放松下来，有利于谈话的顺利进行。最后，我时刻保持一个倾听者的姿态，耐心听他诉说，给他更多的包容与关爱。

（2）倾听与疏导相结合。在刘某信任我之后，我尽可能地引导其说出更多自己的内心想法，帮助其舒缓不良情绪。首先，我每次谈话时都尽可能从刘某最近遇到的事情入手，通过自然而然的聊天，让其慢慢放下心理防线，尽可能地表达自己内心真实的想法。其次，鼓励刘某走出自己的世界，慢慢去融入班级大家庭，鼓励其多参与学校组织的各类文体活动，找到个人的兴趣爱好，分散注意力，不再只关注那些让自己不高兴的事情。

2. 齐心——协同共济，发挥教育合力

（1）发挥朋辈帮扶力。同学间的朋辈帮扶有助于刘某摆脱不良情绪，我通过举办主题班会、组织班级活动，增强同学间的凝聚力，尽可能地消除同学间的陌生感。同时，我主动与其舍友谈话，了解刘某每周的情绪变化，积极创造刘某与舍友聊天的机会，带他们到学校操场、餐厅等地，让他们交流学习生活中的趣事。

（2）提升社会支持力。我定期联系刘某的父母，与其交流刘某在校期间的情况与变化，及时关注每次谈话后刘某的转变，主动教给刘某父母一些鼓励孩子的小妙招，让刘某父母在与刘某的日常交往中多关注他的变化。同时，我主动帮助刘某制订大学期间的计划，引导他完成学业生涯规划，树立正确的学习目标，制订相应的学习计划，找到自己努力的方向，让自己忙起来，把精力多放在学习上，积极充实大学生活。

3. 恒心——持之以恒，及时发现问题

（1）持续追踪学生的心理变化情况。尽管刘某的入学不适应问题得到了一定程度的缓解，我仍旧不放松，持续追踪刘某的情况，不仅定期与刘某聊天，也让刘某舍友和家长多关注其动向，及时处理各种突发情况。

（2）建立完备的心理问题排查机制。借此契机完善班级心理情况排查体系，建立"辅导员—心理委员—宿舍心理联系员"班级三级心理问题排查体系，将排查范围缩小到宿舍，发现心理问题及时处理，将心理危机排查放在学生工作的重要位置。

三、工作成效

经过我与刘某的多次谈话和采取有针对性的措施，刘某已经渐渐适应了大学生活，能够合理规划自己的学习生活，顺利通过了上学期的期末考试并取得了不错的成绩。刘某也变得开朗了不少，开始主动参与学校活动，结识了不少志同道合的伙伴，积极地面对学习和生活。

作者简介

韩晓旭，女，汉族，1995年6月出生，中共党员，教育学硕士，讲师。2020年8月入职山东科技大学智能装备学院从事辅导员工作，现任山东科技大学智能装备学院学生工作办公室副科级干部。在学生工作中坚持精准思维，积极探索"一体四翼"育人工作模式，以"思想引领"为主体，强目标、拓思路、搭平台、重实践，引导学生做到思想上坚定、情感上认同、行动上自觉，不断提高学生的创新力、凝聚力和战斗力，所带班级先后获得山东省先进班集体、山东科技大学十佳班级等荣誉称号。

辅导员工作感悟

不忘初心，方得始终。一代又一代大学生的成才路，就是辅导员平凡的人生路。辅导员与各行各业的"工匠"一样，都是劳动者，都是为实现中华民族伟大复兴的中国梦而努力奋斗的追梦人，我们的梦想就是为党育人、为国育才，培养出可堪民族复兴重任的时代新人。征途漫漫，唯有奋斗。坚定信念、积极进取、苦练本领、以德为先，在党的领导下勇毅前行，胸怀"国之大者"，甘当"能工小匠"，在新时代继续大力弘扬"工匠精神"，做辅导员的"大国工匠"。

就业新形势下大学生自我否定漩涡的陷入与跳出

陈小兰　郝　亮

一、案例简介

疫情后，受国际和国内经济形势影响，高等院校就业、考研两难问题突出，大学生普遍存在焦虑。在此情况下，一些学生情绪波动较大，易于因偶然的失败而陷入自我否定的漩涡，形成思想上的恶性循环。某男生小A，成绩优异，尽管是转专业而来，但依然名列前茅，有考研计划。小A家境良好，父母均为知识分子，同辈亲朋也大多考研或考公成功。小A性格温和，尊敬师长，品行端正，各方面都很优秀。但他自尊心很强，十分在意别人的看法。

在本学期的考试中，辅导员在巡考时发现小A缺席了考试，非常诧异。于是与其联系并询问缺考的原因，小A表示他是主动不去参加考试的。通过谈心谈话，了解到此前小A有一门课程因未及时提交实验作业而被老师给出不及格的成绩。这次不及格对小A打击很大，导致其认为考研无望，不能考上自己理想的学校，同时又为自己因准备考研而付出的努力感到不值。付出与预期收获的不平衡使小A备感焦虑，产生了厌学情绪，并引发轻度抑郁。曾经表现优秀的小A变得颓废，整天不出宿舍，后来又有两门课程不及格，甚至出现旷考的情况，平均成绩大幅下滑。

二、问题及分析

小A之前的优异表现让他对自己的未来充满美好的憧憬，考研进入自己梦想的大学成为他实现理想的最佳途径。然而，一次大意导致的成绩不及格使得小A信心崩塌，原本表现优秀的他，不禁对自己的学习能力产生了怀疑，进而开始担忧自己的考研前途。自尊心很强的小A备受打击。因此，强烈的考研期望、为考研付出的努力、自认为黯淡的考研前景，三者形成恶性循环，使其无比焦虑、无所适从，最终选择逃避现实来麻痹自己。

小A的问题在于思想进入恶性循环，起因则是信心崩塌。根据其正常表现，考研进入自己梦想的大学希望很大。然而，一直表现优异的他被一次意外挂科击垮，丧失了学习的信心。恶性循环已经形成，小A下意识对亲朋好友看法的担忧更加剧了这一循环。因此，如何剪断这一恶性循环是解决小A问题的关键。

三、辅导思路与方法

为了改变小A的厌学情绪，破解其思想上的恶性循环，我从以下四个方面采取了措施。

（一）降低考研期望

较高的考研期望是小A问题产生的根本原因，因此，降低考研期望可以有效破解小A的问题。具体实施方法包括：①转变其对考上名校的看法；②强化其对双非院校的认可度；③改善其对找工作的态度，可以先工作再考研；④转换其对"持久战"的观念，不必强求一战定乾坤。

（二）增强学习信心

通过鼓励性谈话，恢复小A对自己学习能力的信心。原本成绩优异的小A，在学习能力上应该是没有问题的，关键在于挂科的打击让他产生了怀疑，否定了自己。因此，要鼓励小A走出迷茫，继续努力。只需一次成功，就可以帮助小A恢复些许信心，进而取得更好的成绩，走出恶性循环。

（三）改变思想认识

努力不一定会成功，但不努力一定不会成功。通过心理辅导或案例式谈话，让小A认清努力和成功的关系，不要纠结于努力的回报。

（四）家长减轻压力

小A对亲朋看法的在意加重了其心理包袱，要求家长给其营造更加宽松和缓的思想环境，疏导心情，缓解压力，辅助解决问题。

四、辅导效果

辅导员首先与小A谈心谈话，希望其降低考研期望，不要纠结于是否考上满意的学校，双非院校亦有自身的特色，并劝其要有准备"二战"的心态，也可以先找工作，再根据情况决定是否考研。由于小A还处于自我否定和自我肯定并存的矛盾阶段，他并不愿意降低自己的期望值。初次尝试效果不明显。

鉴于此，与小A家长进行了沟通，希望家长能够配合，缓解家庭压力。通过家长的努力，小A表示希望继续努力学习，先把眼前的课程学好，再考虑考研的问题。有家长的积极配合，效果立竿见影。

然而，不久，小A旧态复萌，对课程心不在焉，又出现不去上课的情况。辅导员及时与小A谈心，认为其还没有走出困境。因此，辅导员又多次在谈话中鼓励小A，让其认识到自己优秀的学习能力，而不要继续陷在自我否定的漩涡里。与此同时，联系学校心理咨询中心，对其进行心理辅导，让其认识到努力和成功的非必然性联系。小A继续回到课堂学习，问题有所缓解，但其仍然纠结于考研前景，十分焦虑。

学院党委副书记了解此情况后，亲自与小A谈心，并用学院其他学生的例子说明了报考学校并非决定一个人前途的主因，成功并不只有考研一条路，个人的奋斗对以后的前景至关重要，只有不断努力，才有成功的可能。众多前辈奋斗的历程对小A的触动较大，他认识到了自己的执拗，表示会继续努力学习，先把当前课程学好，保证能顺利毕业，考研的目标也不再局限于名校。

目前，小A情绪稳定，已经恢复正常上课，两个多月未有异常。

五、经验与启示

能够将小A从自我否定的漩涡中拉出来，得益于有针对性的心理辅导工作。正确分析问题根源对于处理学生心理问题至关重要，尤其是对于曾经的优异生，习惯的自我肯定和突发的自我否定会导致学生产生思想上的矛盾，甚至产生心理问题。鉴于此，破解这一矛盾是引导学生走出自我否定漩涡的关键。基于本案例，我总结了以下三条经验。

（1）找对方法与找对时机同样重要。心理变化不可预测，同样的解决方法在不同的时机实施效果有差异。

（2）讲道理不如摆例子。突破学生心防，讲道理固然重要，但具体的案例更容易打动他们，更容易产生共鸣。因此，心理辅导员应了解较多的学生案例。

（3）家庭配合很关键。家庭对学生的影响非常大，适时引入家长干预有助于问题的解决。

另外，通过对比以往案例发现，有心理问题的优秀学生往往只是存在思想障碍，个人能力没有太大问题，帮助其跨过障碍，学习问题也会迎刃而解。但值得注意的是，他们因过往的优秀和自我肯定，思想往往比较执拗，思想障碍一旦形成，较难破除。因此，关注优秀学生的思想动态，及时疏导他们的焦虑情绪也是日常工作的关键一环。

作者简介

陈小兰，女，汉族，1989年9月出生，中共党员，工学博士，讲师。2022年9月入职山东科技大学计算机学院学院从事辅导员工作，现任山东科技大学计算机学院2020级辅导员，信息安全专业本科生党支部书记。坚持工作四个心，一"心"关怀，一"心"求索，一"心"向党，一"心"进取。用心陪伴学生前行，让温度、深度、广度同行，为学生点亮理想的灯塔，与学生共绘人生华章。所带班级积极进取，获得山东科技大学十佳班级和全国煤炭行业五四红旗团支部荣誉称号。

辅导员工作感悟

大学是学生成才的关键阶段，也是品格塑形的重要时期。辅导员的工作在于"辅"和"导"。立足当下，辅助学生学知识掌技能终成栋梁之材；着眼未来，导引才俊端品行正道德争做报国之士。值此中华民族伟大复兴筑梦之时，当与学生共追梦想，为党、为国、为社会培育人才。济济多士，乃成大业；人才蔚起，国运方兴。天涯路远不若振翅高飞，风雨同路天涯不过咫尺。梦想在前，应坚定信念、砥砺前行，做学生成长路上的引路人。

党团和班级建设

学生骨干识别与培养

——班级建设工作中的四两拨千斤

牟 杰

一、党团和班级建设工作案例

面对一群刚入校或新接班级的陌生学生，辅导员如何快速打开局面，深入学生群体开展工作？在众多学生中如何做到慧眼识珠、精准识别潜在的骨干学生？如何将学生干部培养成为学生榜样，发挥其领头雁的作用？这些都是辅导员工作中面临和思考的实际问题。

在学生培养工作中，如果有骨干学生的协助，日常工作会开展得更加顺利，学生发展会更有目标，辅导员工作会更有动力，实现教学相长的良性循环。这样的助手和助力从何而来？如何而来？

二、案例分析及解决方案

两个学生的培养比较有代表性，他们是从胸无大志到志在四方的房同学、从小富即安到充满家国情怀的安同学。

又是一个九月，又迎来一批新学生。有一个班近乎90%都是省内学生，他们高考分数接近，关系也比较亲近。军训时要选一个临时负责人。辅导员做了一番动员后，没有人毛遂自荐，场面有些尴尬的时候，有个男生走上台来，虽然不竞选但是鼓励同学们积极站上台来。

在接下来的交流中，辅导员讲了自己的大学经历，讲初入学时的担忧和紧张，讲努力带来的快乐和自信。说自己喜欢辅导员工作，喜欢陪着学生一起成长。学生也开始做起了自我介绍，原来，这个班有一半以上的学生都是调剂到这个专业的，他们班家庭经济困难学生的比例也高于其他班级。班内学生有的对高考成绩不满意，有的觉得专业不理想，还有两名学生想退学再复读一年。

在这一群低头叹息的学生中，有一个觉得考入大学就是不错的结果，他就是第一个上台的学生——房同学。

房同学性格谦和，积极配合，接受引导，让辅导员看到了培养骨干的希望。这个关键人物一定要把握住。

培养学生骨干要做好以下几个方面的工作。

（1）进一步识别骨干潜质。通过查学生档案、询问其他学生的评价、走进军训场和宿舍观察、与学生谈心等方式进一步全面了解房同学：他有着比较明确的目标，想考其他专业的研究生；他有一定的自我锻炼的意识，对当学生干部有所期待，也担心无法胜任；他有性格的优势，为人谦和，不娇气、不怕苦，这些都使他能与同学打成一片。

（2）骨干定位与初步培养。给予强度小、频率高的锻炼机会，展现房同学的优点，以任务的成效为依据给予客观的肯定；对可能出现的问题提早估计并告知，以房同学落实任务中的进步为标准给予主观的欣赏。辅导员适度的肯定和学生适度的自信是学生骨干培养的重要因素。

（3）精准引导与重点培养。学生骨干的培养总是与集体的成长齐头并进、相得益彰。这个班级的学生有一个相近的目标，就是希望在大学期间成长得越来越好。这个目标虽然朴实，却也难得。鉴于班级学生的特点和具体情况，辅导员大胆给他们设定了共同的目标：学会学习，学好当前每一课程的知识；学会合作，争创山东省先进班集体。一年级的学生，热血一旦激活，就会充满斗志。辅导员也与房同学商定了他的目标：三年后考取研究生，成为全面发展的大学生。

班级工作就这样从"抓学习"开始了。辅导员带着房同学制订了各项工作计划，从大学的目标到学习方法交流，从夸夸我的同学到学霸宿舍比拼，从学习疑问解答到学习达人颁奖……每一项工作如何调整进度、如何识别问题、如何抓住重点，每一场活动细节如何到位。就这样手把手地教，一天天地带，房同学在学生骨干成长的路上走得踏实而坚定：大一结束，全班无一人不及格，班级因主题教育活动表现突出荣获集体奖。同学们个个充满斗志，房同学也更加自信和坚定。

（4）在骨干作用发挥中实现更好成长。在辅导员的鼓励下，房同学慢慢尝试主动性、创新性的工作实践。房同学的努力带动着每个同学，学习成绩渐渐成了这个班的亮点。大三上学期，班级获得"山东省先进班集体"荣誉称号，全班同学把房同学举过头顶庆祝。这个曾经缺乏目标的班级成为学霸班级，"一天不努力，便会被超越"成为班里每个人的座右铭，而"越努力越幸运"也成了他们班不懈奋斗的源泉。

安同学是一个温柔爱笑的女生团支书，在大二的时候我做了他们班的辅导员。她所在的班女多男少，学生的家庭经济情况差异很大。同学之间的关系有些紧张，但她和班级大多数同学的关系都很好。

与想象中团支部都好强能干的形象有所不同，她成绩优秀，理想是毕业后找一份相对轻松而工资又不低的工作。

发挥不了骨干作用的学生干部就无法带动整个班级，这样的学生如何培养？

三年的时间足以改变一个人，改变一个集体。这个曾经的乖乖女，如今政治素养过硬，学习成绩更加突出，成为大家的榜样，被推免至重点高校继续深造。而她所在的集体获得多项省级荣誉，班级骨干数量众多。这些成绩离不开"找准突破口，层级推进"的骨干培养方式。辅导员通过观察分析，发现安同学的学习能力较强，很多工作只要稍加指导就能落实到位。找准了学习能力强这个突破口，学生的潜能就能一点点展现。辅导员给予安同学独立解决问题的机会，锻炼独立解决问题的能力；给予班级工作的新任务和具体目标，引导安同学思考、分析和判断新情况、新问题。渐渐地，安同学的能力获得了较大的提升。

三、经验与启示

1. 学生干部是学生成长的标杆和领路人

班级的成长甚至每一个学生的成长都离不开骨干作用的发挥。辅导员培养学生骨干不是锦上添花的项目，而是铺路架桥的事业。

2. 学生具备骨干潜质是培养前提

潜在的学生骨干或是具备争做学生骨干的意识，或是具备学生骨干特有的品质。这些学生很少是十分优秀的、稳定的学生，而更多是看起来不够突出却能够带来惊喜的普通学生。

3. 学生骨干的成长和班级等集体的发展密不可分

通常，集体的发展为培养骨干提供了舞台和空间，而学生骨干在带动集体发展中才能实现个人成长。

4. 学生的培养离不开骨干作用的发挥

离开了作用发挥，空谈骨干就失去了教育的意义；同样，没有了作用发挥，学生骨干自然无法实现成长。

5. 学生骨干的培养方式多样

以学生为本、促进学生全面发展，培养社会主义建设者和接班人是每个辅导员的初心。守住这份初心，就可以保持不断学习的动力。掌握教育发展规律，做学生的榜样，与学生共同成长。

═══ 作者简介

　　牟杰，女，汉族，1981年3月出生，中共党员，教育学硕士，讲师，国家心理咨询师、创业咨询师、职业指导师。2008年8月入职山东科技大学土木建筑学院从事辅导员工作，现任山东科技大学艺术学院学生工作办公室主任（团委书记）。扎根一线辅导员岗位16年，坚持以学生为中心，用专业和艺术赋能辅导员工作。坚持以史为师，构建红色育人体系，打造"学生党员写生板""党员留声机"等党建品牌；坚持以艺为媒，探索"艺术+"人才培养模式，举办"大学生艺术节""学生创客训练营"等具有专业特色的文化活动；坚持以生为本，建立"学生手牵手朋辈成长计划""学生成长档案"，打造学生公寓"一站式社区"等。多项典型工作做法被《中国教育报》《光明日报》、中央电视台等主流媒体报道。

═══ 辅导员工作感悟

　　时光荏苒，岁月匆匆，转眼在辅导员岗位已工作十六载，至今仍清楚地记得刚走向辅导员岗位时的欣喜和激动，记得第一次被叫老师时的兴奋和不知所措，更记得第一次在几百名同学面前讲话时的心跳加速……这许许多多的第一次，都消融在平凡而琐碎的日日夜夜里，沉淀成辛苦并快乐着的生活。在这辛苦和快乐中细细品味，深切体会到辅导员的工作平凡而伟大。"志之所趋，无远弗届，穷山距海，不能限也。"辅导员肩负着为党育人、为国育才的使命，就要以坚定的信仰和专业的能力，以饱满的热情和昂扬的姿态做好学生的引路人，在引领学生成长成才的大道上一路欢歌一路行。

校"十大优秀学生"是怎样炼成的

——学生骨干培养工作案例

刘倩婧

一、案例概述

小C是2012级的一名女生,班级学习委员,大学生艺术团干事。家庭条件良好,学习成绩优异,文艺特长突出,性格外向,但争强好胜,较为强势,群众基础不太好,这也成为她未来发展的隐患。2013年底,小C在大二下学期时,由于学院专业的调整,来到交通学院。我成为她的辅导员,我们的师生关系由此拉开序幕……

两年之后,该生以专业第一名的成绩被推免为山东大学的硕士研究生,并以总分第三名的成绩获评2015年度山东科技大学"十大优秀学生"荣誉称号。作为辅导员,我是如何帮助她实现转变,一步步成为校级"十大优秀学生"的呢?

二、实施过程

《马说》里有一句话:千里马常有,而伯乐不常有。其实我们身边不乏有潜质的学生,成为他们的"伯乐",正是我们职业的意义所在。而每个学生要变得优秀,除了具备一定的潜质,还要经历一个"识别—培养—成长—完善"

的过程。在这个过程中，准确定位和扮演好辅导员的角色至关重要。

在教育培养小C的过程中，我充分结合其自身特质，采取正面引导激励策略，使其"想作为、可作为、有作为"，充分激发潜在的内生动力，进而实现全面发展。我主要以下几个方面开展了工作。

1. 慧眼识珠——让优秀成为可能

（1）把握好第一次谈话，建立信任，初步识别。虽然成绩优异，刚来到交通学院时，小C不太自信。接手他们班级后不久，我通过询问她之前的辅导员对其整体情况有了基本的了解。开学后，我们有了第一次的谈话，她也是我所带的新班级中第一个主动找我谈话的学生。在谈话中，她主动跟我聊到了在原大学生艺术团的经历，坦诚地谈到了同学关系不好这件事，也表达了她在人际交往和个人发展方面存在的困惑。出于职业习惯，加上有心理准备，我很耐心地倾听，并在谈话内容中做到了以下三点：一是客观地评价并帮她分析其中的原因，引导她认识并正视自身存在的问题；二是对她的能力和才华给予充分的肯定，让她明确自身的优势，消除悲观情绪；三是鼓励她把来到交通学院作为大学期间一个新的起点，全面发展，争做一名优秀学生。

所以，这次谈话不仅消除了她内心的忐忑，建立了师生之间的信任，为后续的相处打下了良好的基础，也是她来到新学院确立合理自我认知和重拾自信心的良好开端。这次直面交流，让我初步发现了她的一些潜质：主动性、悟性和自省能力强；大方健谈，思维逻辑清晰，表达能力好；目标明确，充满正能量，上进心强。根据我的判断，这应该是一个不可多得的"潜力股"，加以适当的引导，一定会大有作为。

（2）扮演好朋友角色，春风化雨，深度了解。有了这层信任，以后的时光里，她有了什么问题，都会第一时间来找我。我也像知心姐姐一样，真诚地与她交流，潜移默化地影响她，话题也逐渐从工作、学习、人际关系延伸到她的生活和情感等各个方面。通过深入的交往观察，我发现她身上更多独有的特质，如凡事追求完美，学习能力、交际能力强，精力旺盛充沛，性格感染力很强；而从小练舞、家教良好的她又有着出众的气质、开阔的视野和良好的自律能力。如何在弥补短板的同时把这些优势加以运用，是培养小C的关键。

2. 知人善任——让优秀得以实现

（1）掌握好用人契机，搭建平台，凸现优势。潜质要转变成稳定的素质，必须通过精心挖掘和精准培养。一是提供平台、创造机会去磨炼她；二是指导她调整工作方式方法，化强势为优势，通过自己的努力赢得威信，实现素质提升和人际改善的同步推进。而在交通学院新成立的这个特殊时期，一切工作都是从零开始，学生彼此之间并不了解，所以这是重塑个人形象和树立自信的良好契机。

学院自成立以来，倡导"厚德厚道，行正行远"的文化，团委对学生多采取正向激励培养策略。当时的副书记X老师和团委书记Z老师平日里也经常与小C谈心谈话，激励引导她。我们对小C都很欣赏，一方面她学习成绩的稳定优异为工作打下了良好基础，另一方面突出的文艺特长、爱表现的性格又使其成为文艺骨干的不二人选，而其特有的感染力又会为工作增添生机活力。所以，就在第一届学生会成立的节骨眼上，我们选拔小C担任大学生艺术团的副团长，让她在擅长的领域重新证明自己。

（2）抓好学生会作风建设，优化环境，激发潜能。"蓬生麻中，不扶而直。"人才培养离不开外部环境，营造一个风清气正的学生组织环境对促进学生干部的良性发展至关重要。在这方面，我们团委老师率先垂范，传播正能量，把学生会作风建设放在首位，杜绝不良风气，公平公正、民主团结的主旋律一直延续至今。在这种氛围的熏陶下，情感丰富的小C充分感受到了这个大家庭的包容温暖，归属感和自信心逐渐增强，人际交往随之成熟，珍惜与感恩的心态、自我价值感的提升也无形中促使她更加自主、自愿、努力地工作，各方面形成良性循环。

（3）做好"人—职"匹配，适才适用，全面提升。根据霍兰德兴趣类型理论初步分析，小C属于社会型和艺术型人格。而当兴趣与职位相匹配时，个人能获得更好的发展。

由于表现良好，小C在院学生会这个平台站稳了脚跟。临近大二学年末，她被院、校两级学生会同时选中，对于如何选择她与我进行了一次详谈，最终坚定了留任学院的意向。于是，经过我们的共同考察和投票，小C成功竞选院学生会主席团副主席，并被分配到最适合她的岗位——分管大学生艺术团和文艺部。

事实证明，小C的选择和我的判断都没有错，有她之前在学院打下的基础，更有利于工作开展与个人发展。这一年，小C因工作接触了更多的人和事，在这期间我们也不忘时刻引导和鞭策，她的工作能力获得进一步提升，同学关系也更加和谐。学院努力为她搭建各种平台促进她全方位发展，各类文艺晚会、学术科技竞赛、体育赛事……都活跃着她的身影。广泛的兴趣爱好和外向的性格使她在各类活动和工作中如鱼得水、游刃有余，整个人越发阳光自信，个人综合素质得到全面提升，学生会工作也蒸蒸日上。她的"强势"通过恰当合理的表达使用，不再是人际交往的阻碍，反而转变为一种个人魅力。而精力充沛的她丝毫没有因为忙碌而耽误学习，学习和综合测评成绩一直稳居专业第一，不仅获得了本科生最高奖学金——国家奖学金，也顺利被发展为中共预备党员。此时的她，也向"十大优秀学生"又迈进了一步。

3. 自我完善——让优秀成为习惯

（1）在服务他人中成就自我，模范带头，榜样引领。在工作实践中不断成长的小C，优秀的特质也越发稳定。升入大四后不久，她便以专业第一的成绩被成功推免至山东大学，自己的业余时间也因此充裕了不少。但她并没有停下脚步。在小C的自荐下，我果断选她做了新生辅导员助理，让她继续为学院贡献力量、传递能量。她也不负众望，在工作、学习中一马当先，带领着车辆工程专业2015级的新生一路阔步前行、快乐成长，博得了新生的一致喜爱和好评。

（2）付出终得收获，厚积薄发，华丽升级。"让优秀成为一种习惯"，不仅是我对小C的期望和激励，也成为她成长路上的自我鞭策。虽然离开了学生会，但她依然在班级、党支部、排球队等组织中发挥余热。小C就这样在忙碌的工作、学习和服务中实现了自我升华，成为同学们学习的榜样。成绩是最好的证明，在2015年11月全校"十大优秀学生"答辩中，她凭借前三年勤奋积累的成果和全面发展的优势脱颖而出，给自己的大学生活交出了一份满意的答卷。这也是我作为一名辅导员收到的最好的礼物。

三、案例启示

事物发展要通过内因和外因共同起作用。辅导员要善于识别内因，并抓好外因这个部分，从两方面来进行学生骨干的培养。

学生骨干培养不能只靠单方面的力量，需要形成教育合力。除了要有辅导员的教育引导，其他老师的协同指导、学院的整体氛围、学生团队的作风等都必不可少。工作中要注意点与面的结合，让环境的优化和学生的个人发展协同推进。

"辅导员应当努力成为学生成长成才的人生导师和健康生活的知心朋友。"做到并用好这一点，可以在工作中起到事半功倍的效果。

师生之间的信任和感情都是相互的。在学生骨干的培养过程中，相互尊重，平等交流，可以在工作中化被动为主动。

作者简介

刘倩婧，女，汉族，1983年11月出生，中共党员，工学硕士，学术副教授，全国创新创业导师、国家三级心理咨询师。2009年9月入职山东科技大学从事辅导员工作，现任山东科技大学交通学院学生工作办公室主任、团委书记。十余年来以高度责任感扎根学生工作一线，探索形成"思想价值领航、管理服务固本、创新实践育才、职业能力强基"四位一体的工作模式，打造"青春领航"朋辈育人、"通心相随"志愿服务、"行远论坛""禾斗讲堂"等学团品牌，精准助力学生成长成才。所带毕业班考研率连创新高，所带学生获省市级综合性荣誉称号70余人次。

辅导员工作感悟

"守好一段渠，种好责任田。"作为高校大学生思想政治教育的骨干力量，为国家培养"德智体美劳全面发展的社会主义建设者和接班人"和"堪当民族复兴重任的时代新人"是辅导员肩负的光荣使命。我们要对辅导员这一职业心怀敬畏，坚守育人初心、涵养职业操守、精进职业能力，用心、用情、用力履职尽责，真正成为大学生成长路上的思想领航者、行为示范者、健康守护者和职涯引路人，为深化高校"三全育人"赋能，为实现中华民族伟大复兴贡献力量。

模块分类、梯队发展，构建学生成长动车组

卢　阳　刘晓蕾　刘　赛

一、案例基本情况

青年学生，正处于人生的拔节孕穗期，正处于世界观、人生观、价值观形成的关键时期。一个优秀的班集体对学生的学习能力、身心健康、综合素质、专业技能的提升有着重要意义，也为学生增强心理归属、加强社会适应、不断完善自我提供有力支撑，对学生价值观念形成乃至成长成才具有深远的影响。

围绕立德树人的根本任务，针对学生群体组织涣散、关系淡漠、凝聚力弱，学生个人目标缺失、功利主义、心理脆弱等问题，2017年起，学院探索模块化育人建设，引导在目标、追求、爱好、特长等方面相近的学生自由组合，营造"人人有方向，人人有特长"的成长环境，助力学生个性化、多元化成长。结合优秀班集体建设指标，从2018级本科生起，我们将模块化育人融入学生干部选拔、优秀学生引航计划、学生培养等关键环节，通过模块化建设将因材施教同思想政治教育相结合、全面发展与特色发展相结合。经过四年的不断努力，2018级优秀班集体不断涌现，学生思想观念更加成熟，个人素质、专业能力不断提升，深造率、留学率、高质量就业比例均创新高。

二、组织实施过程

1. 建强两支队伍

创新班团事务小组新模式。学生干部队伍是班团组织的核心，也是班

集体建设的主心骨。学院在学生干部选拔中创新方式方法。前期，通过广泛宣讲、重点谈话、集体推荐的模式，组建班团事务小组，运用无领导小组模式，让学生共同负责、内部分工，实现学生自我管理、自我教育、自我服务。试用一个学期后，通过考查学生的工作态度（思想政治水平、团队意识、心理素质等）、工作能力（组织协调能力、承压能力、表达能力等）、工作成绩（班级学习成绩、科技创新成果、遵守纪律情况）和群众基础（班级学生评价等），选拔出品学兼优、能力过硬、有责任心的学生干部，委以重任。

优选引航员队伍新模块。在学院模块化育人的指引下，结合学生爱好广泛、优势突出的特点，推选有特长的学生在思想引领、学业帮扶、科技创新、第二课堂活动等模块担任引航员，让他们组织负责班级各项活动，同时积极为他们与学院相同爱好、特点的同学搭建沟通的平台。

2. 做好模块化分类

（1）思想领航。该模块以辅导员、学生干部为主力，以班会、团课为主阵地。一是利用关键时间节点，开展各类主题教育活动，让学生以理想信念为根基，厚植爱国主义情怀，通过革命传统教育"寻初心"，通过形势政策学习"阔视野"，通过先进典型榜样"找差距"，使学生成为社会主义核心价值观的坚定信仰者、积极传播者、模范践行者，改善部分学生不思进取的精神面貌。二是加强思想引航员培训，鼓励他们深入探索行业前沿知识，积极参加各类宣讲报告，定期在班级召开圆桌会议，探讨个人成长与行业需求，引导班级学生不盲从，找好自身定位，做好职业生涯规划。三是每学期召开班级建设研讨会，设立共同目标，凝聚班集体共识。

（2）学业助航。这是针对各班学业困难学生，以"不让一个同学掉队"为总目标设立的模块。一是以辅导员为主，对学业困难学生制定"一生一策"，分析他们在学习目标、学习方法、学习兴趣上的问题，根据不同情况做好分类引导。二是班级学霸引航员成立"讲师团"，开展学霸课堂，梳理课程重点难点，分头负责本学期不同课程的整理、讲解和一对一帮扶工作。疫情防控期间，同步组织了线上直播课程和视频微课，使学习不受空间限制。三是利用日常学习时间，以章节为单位做好学习笔记，与同学共享。

（3）创新引航。作为理工科专业，科技创新精神、实践动手能力的培养是重中之重。在此模块中，一是在班级班主任的引领下，选拔20%左右的优秀学生进驻实验室，参与科研项目，增强创新能力，后以他们为主力，营造班级科技创新氛围。二是鼓励学生加入芯科电子创新工作室，其以"引领学生自我拓展专业知识和创新实践"为主要任务，鼓励学生在低年级学习相关知识、参与相关课程、进行动手训练。到高年级，引导他们加入讲师团，带动更多的同学参与科技创新实践，形成了"王者带黄铜，你讲我来听"的梯队运转模式。

（4）心理护航。心理健康模块，主要以辅导员、班级心理健康联络员、心理健康引航员为主，是为帮助特殊群体学生健康成长设计的一个育人环节。该模块以"扶智强心帮困"为目标，建立班级行动小分队，主要针对班级心理状态不佳学生、学业困难学生、家庭经济困难学生、遇到突发事件学生等。团队成员认真学习、普及心理健康知识，组织班级漂流笔记本、解忧杂货铺等一系列有益于心理健康的活动，鼓励同学们正视困境，增强心理素质，无惧风雨挑战。

（5）多彩启航。该模块以第二课堂各项活动为基础，根据班级同学的特长和兴趣，设立各类兴趣小分队，涵盖体育、音乐、舞蹈、志愿服务、摄影等类别，按照模块的统一要求，各小组定期举办团队沙龙，开展主题交流，举办校园活动，帮助班级完成各项工作任务。班级同学最少参加一个团队，不设上限，在每一次并肩作战、团结协作里，增强班级凝聚力与向心力。

3. 加强系统培训

为加强班级建设，学院为学生干部和引航员队伍开设"引航员成长营"和"三讲一评"学生干部工作交流会。成长营中，以思想教育和价值引导为主线，使学生坚定理想信念、乐于服务奉献、勤奋求实创新，提升学生思想觉悟和综合素质。工作交流会中，通过学生干部讲工作落实、讲典型事例、讲心得体会，参会人员提问讨论，辅导员点评的方式帮助学生干部在班级工作中能总结、善反思、促提升，在班级建设中凝练优秀做法，宣传优秀案例，带动班集体共同进步。

三、实际成效

结对抱团的学风日渐形成，优秀班集体建设效果逐步凸显。四年中，

2018级出现多个学风优良、凝聚力强的优秀班集体，获山东省五四红旗团支部、山东省优秀班集体、校十佳班级、校优秀班集体标兵等荣誉称号。学院本科生深造率达43.3%，在深造率大幅提升并稳定保持的基础上，学生到"985""211"和双一流高校深造的人数突破70%，学院到国外高水平大学深造的学生从无到有，2022年达6人。2022届毕业生中，到国家电网、移动、海康等国有企业、大型民营企业就业的学生比例较往年有大幅提升，更多学生实现高质量就业。

学生找到心灵安放的地方，更有利于学生健康成长。在"模块化育人"体系下优秀班集体的建设过程中，有特长、有特点的学生在工作中被肯定、被重用、被尊重，自信心、主观能动性被激发，能力得到大幅提升。没有特长特点的学生，通过模块化找到了自身感兴趣的方向，结识了志同道合的朋友，拥有了良好的社会支持系统和社交平台，找到了开启学生心灵的钥匙。一名学生在入校后适应不佳，在假期参与班级模块组建的社会实践活动中，经风雨、扩眼界、受启发，现在已经成长为优秀的学生干部，像这样的例子还有很多。在模块化实践过程中，学生积极向上的良好风貌不断展现。

学生班级弘扬青春正能量，学生综合素质不断提高。模块化育人体系下成长起来的优秀学生的影响力不断扩大，潜移默化地矫正了部分青年的价值观。他们一改睡懒觉的习惯，打破周末休闲娱乐的常规，学院科技创新氛围浓厚。据统计，2018级学生中70%以上参加过校级以上科技创新比赛，获国家级科技创新奖励115项，还在各类专业比赛中获得国家级一等奖的好成绩。学生全面发展，在首届全省高校大学生讲思政公开课展示活动中获得二等奖，近四年三次获得校篮球赛第一名，两次获得校乒乓球比赛女子队冠军，一次获得校足球联赛第二名的好成绩。作为中坚力量的2018级学生，充分地彰显了"人生有理想、大学有追求、生活有规律、做事有担当"的精神状态。

"模块化育人"体系下的优秀班集体建设，让学生走出个人成长的小圈子，融入集体成长的大环境中，使学生在思想引领、学业帮扶、多彩成长中有思考、长本领。今后，我们将认真总结完善"模块化育人"体系下优秀班集体建设的模式并加以推广，不断促进学院育人工作多点开花，为学生的成长保驾护航。

作者简介

卢阳，女，汉族，1989年4月出生，中共党员，工学硕士，讲师，国家中级职业指导师。2015年9月入职山东科技大学电子信息工程学院从事辅导员工作，现任山东科技大学电子信息工程学院学生工作办公室正科级干部。参与创办"e+茶座""e+讲堂"，参与建设"i优微"网络思政品牌。推动"模块化育人体系"下的优秀班集体建设，建设思想领航、学业助航、创新引航、心理护航、多彩启航等特色模块。主动学习，参加各类工作培训，提升专业化水平，获得各类综合荣誉称号10余项，主持科研项目2项，参与科研项目5项，发表思政类论文6篇。

辅导员工作感悟

坚定职业初心，牢记育人使命，以"为党育人、为国育才"为目标，不断加强理论知识和专业技能学习，帮助学生解答困惑、理清认识。关爱学生、服务学生，做青年学生的引领者、助力者和守护者，帮助学生强化专业技能、培养创新能力、提升综合素质。今后，我将继续砥砺前行、初心如磐，助力学生成为"胸有大志、心有大我、肩有大任、行有大德"的新时代青年。

党建科研激活力，答疑解惑共发展

——学霸助教团师生联合党支部成为师生贴心人

段雅君　刘　辉　谢菲菲　段雪萍

一、背景

习近平总书记指出："坚持学思用贯通、知信行统一，把新时代中国特色社会主义思想转化为坚定理想、锤炼党性和指导实践、推动工作的强大力量。"学生党支部是由从学生队伍中精挑细选的优秀分子组成的基层党组织，是高校对学生进行思想政治教育的有力助手，是新时代党的事业前进发展的"主力军"。作为数学学院学霸助教团师生联合党支部的副书记，我发现在支部建设和管理当中仍然存在教育管理党员方法单一，"三会一课"、主题党日流于形式等问题，学生党员中普遍存在积极性和主动性不高，党建与专业学习、科研等工作融合不深等问题。高校学生有着较强的理解能力，大脑反应快、想法多，不局限于一个层面，坚持自我，不随波逐流，喜欢独立思考。在实际工作中，应结合学生的这些特点，积极探索新颖的学生党支部活动形式，将党建与业务深度融合起来，在实践过程中提高学生党员服务群众的意识。

二、主要做法

（一）创新形式，打造党员教育核心"主阵地"

学霸助教团师生联合党支部目前有学生党员32名、教师党员5名，党支部始终坚持以党的政治建设为统领，把政治标准和政治要求贯穿学生支部的各项建设当中，并逐一落实到党员教育管理的各个方面。作为支部书记，面对学生党员的积极性和主动性不高这一问题，积极与学院沟通交流，制定《数学学院学生党员教育与考核办法》，通过借鉴和运用科学的管理方法，将党支部的各项工作目标化、制度化、程序化、规范化，达到有计划、有标准、有考核、有奖惩、高质量运作要求。运用互联网灵活开展具有思想性、知识性、趣味性的党员教育学习活动，让支部政治建设"活"起来，如利用共产党员网、"学习强国"学习平台、高校党建网等新媒体网络平台，深入学习党建知识，参加网络党建活动，提升政治意识和政治理论水平，提高组织生活质量。开展理论学习、交流分享、志愿服务、"口袋书"、学习测试等多种形式的"三会一课"、主题党日活动，把活动地点从"课上"转移到"课下"，"室内"转移到"室外"，把"走出去"和"请进来"相结合，让支部活动形式更加丰富。结合学生党员成长成才的需要，紧扣时政热点，围绕社会热点和焦点问题、社会动态、国家政策或民生问题等内容开展时政讲坛活动，使党员学习教育活动具有鲜活性和时代性。变"单向灌输"为"启发引导"，多措并举推动思想武装走深、走实、走心。

（二）整合资源，打出数学榜样"组合拳"

为了更好地提高支部学生党员专业能力，创新支部建设模式，主动与学院专业教师沟通，将学霸助教团党支部从单一的学生党支部转变为师生联合党支部。在党支部建立"教师—研究生—本科生"三级联动制度，打造"老带新+传帮带"模式，将教师党员的稳定性和学生党员的活跃性结合起来。师生联合党支部的建立，一方面，让学生党员通过学习教育活动、课堂教学、科研指导等方式得到教工党员全方位的悉心指导；让教工党员通过参加学生党支部活动等方式，融入学生支部的生活，了解学生所思、所想、所需，进而更好地围绕学生、关心学生、服务学生，推动自身在教育教学、教研科研等方面的发展。另一方面，党支部的战斗堡垒作用和师生党员的模范带头作用能够得到进一步发挥，扩大支部联动共建影响力，充分发挥各自优势，进而实现党建示范引领作用在思想、学习、科研、生活、工作等方面的全覆盖，增强基层党组织的创造力、凝聚力和战斗力。

（三）多措并举，搭建"互联网+数学"线上平台

目前，学霸助教团师生联合党支部中的学生党员大多为95后，在与学生党员的沟通和交流中可以发现他们具有思想较为活跃、获取信息渠道广泛、接受新事物的能力强、喜欢分享和表达等特点，但同时又存在党建与专业学习、科研两张皮，不能很好地将理论联系实际等问题。面对这一现状，作为支部书记，我在支部活动中深入挖掘学生潜在能力，将授课的地点从线下搬到线上，将党课的内容从说教变成座谈，使学习形式更加新颖、学习内容更易于接受。利用网络平台，将经典理论著作、党的方针政策、会议精神等资料共享，为师生党员提供思想理论武器。并结合学科特点，引导学生把所学变成所有，开展微博在线答疑、"直播刷题"、线上组团约课、线下集中答疑等活动，深入各学院，为学生进行系统详细的讲解，帮助学生熟悉解题思路，掌握解题方法与技巧，更好地将所学的知识运用到实际生活中。

（四）精准发力，打造"助教、助学、助上岸"品牌支部

为了提高学生党支部的影响力，发挥学生党员群体的辐射带动作用，结合学霸助教团师生联合党支部的特点，聚焦特殊学生群体，抓住关键时间节点，定期举办"考研交流会"活动；精准帮扶，帮助退役复学学生，举办军鹰助飞专题辅导活动；联合"健康有young""蜜枣志愿服务队"进社区，为青岛经济技术开发区第四中学、实验中学、致远中学等中小学提供志愿服务，开展系列特色社会实践活动；利用"国际数学日"等关键节点传播数学文化，在校内外开展公益助教活动，打造凸显数学元素的特色活动。安排部分学生在教师的指导下针对《高等数学》课后题，录制习题讲解公开课，投放公共网络平台，打造特色网络公开课。

三、取得的成效

（一）理论业务两手抓，科研竞赛双开花

经过一年的努力，学霸助教团师生联合党支部党员参与党支部"三会一课"、主题党日活动的出勤率达到95%以上，举办研究生讲坛、青春党建微讲堂40余期。以党建带动科研，支部党员在专业学习、科技创新等方面也取得了优异成绩。学生党员中有2人获山东省高等学校优秀学生荣誉称号，

11人获校级优秀研究生、优秀研究生干部、三好学生等荣誉称号。学生党员参与国家自然科学基金项目，省级、校级科研创新项目20余项；获得专利5项、软件著作权3项；发表高水平论文40余篇；获得国家级、省级、校级竞赛奖励100余项。

（二）线上线下齐上阵，答疑解惑不断线

为在日常学习生活中帮助更多同学，支部所有成员利用自己的课余时间结合自身学习工作经验开展各类答疑活动，通过云上助教、考研经验交流会、线下答疑等活动，给在学习中遇到困难的学生带去更多温暖。2021年，共举办集中答疑活动3期，服务学生300余人次。期末考试前，在J7教学楼202设立定点答疑室，服务学生400余人次。多次举办考研加油站和考研经验交流会等活动，共有180余名学生参与此次活动，目前学院已有120多人成功"上岸"。与学校武装部联系，为全校121名退役复学学生安排了助教，结成"一对一"的交流学习关系，帮助他们把握重点、查缺补漏。在军鹰助飞活动中，学霸助教团师生联合党支部中的3名教师党员获优秀指导老师称号，6名学生党员获优秀助教称号。前往社区、中小学开展志愿服务，为他们讲解急救常识，讲述党史故事、趣味数学知识，培养他们对数学的兴趣，支部事迹"'学霸助教团'党支部成为师生贴心人""大学高数太难了！别慌，山科大学霸助教团答疑解惑"被光明网、今日头条等多家媒体报道转载。

作者简介

段雅君，女，汉族，1990年2月出生，中共党员，工学博士，讲师。2021年9月入职山东科技大学数学与系统科学学院从事辅导员工作，现任山东科技大学数学与系统科学学院学生工作办公室正科级干部。创新党建模式，在党支部建立师生党员联动新机制，通过共建、共治、共享实现党建与科研互促共进，形成党建科研深度融合新路径。发挥学科优势，以数学文化为主线，积极开展退役复学学生帮扶、考研加油站、公益助教、习题公开课等多项特色活动，提升学生数学素养。

辅导员工作感悟

教育是一场向美而行的遇见，是一场温暖人心的坚持，是心守一抹暖阳，静待一树花开。辅导员作为大学生思想政治教育的骨干力量，不仅是社会文明的建设者和传播者，更是莘莘学子道德基因的转接者。辅导员应葆有拳拳之心、谆谆之意、殷殷之情，不断涵养学生正直和善良、奋斗和奉献、勤劳和勇敢、济苍生和纳百川的优良品质。扎根学生，落实立德树人根本任务，做党和人民满意的"四有"好老师。倾注全心，用"心"去做学生的知心朋友和人生导师，架起师生的"连心桥"。

网络思想政治教育

网络"吐槽"无限度吗？

——基于辅导员"三见"理念的突发网络事件的解决与思考[*]

王春宇　　尹贻娜

习近平总书记在中国人民大学考察时强调："培养社会主义建设者和接班人，迫切需要我们的教师既精通专业知识、做好'经师'，又涵养德行、成为'人师'，努力做精于'传道授业解惑'的'经师'和'人师'的统一者。"身为辅导员，理应在"三见"理念下开展好工作，见人、见事、见情，做好日常情报员、信息联络员、网络评论员，线上线下相结合做好思想政治教育工作。

一、案例背景

小李（化名），男，我校2021级计算机科学与技术专业学生。2021年11月某日晚，小李化名为老六在学校贴吧上发布一则帖子，内容为"校园封闭管理期间，外卖、快递不能进学校，学生吃不起天价水果，管理颇为严格，什么垃圾大学"等夸张的不当、不实言论。该帖子发布一个小时左右，即获得了几十个点赞和二三十条跟帖评论。

二、案例分析

该生的情况属于日常信息处理、辨别能力不强，大局意识弱而导致的

＊该案例荣获2021年山东省高校辅导员工作优秀案例一等奖。

网络言论不当的问题，主要表现为借助网络这一载体进行情绪的宣泄和信息的传播，发表有一定影响力的、带有倾向性的、煽动性的意见和言论。经调查，小李发布帖子的原因如下：

（一）个人性格

平时生活中，小李算不上非常活泼的学生，稍稍有些"社恐"。他说话颇为直接，不会考虑他人感受，但内心非常敏感，渴望被人关注、追随。在贴吧这个不受管束、言论自由的空间，小李可以尽情体验宣泄的快感。

（二）发声习惯

小李很少在QQ空间、微信朋友圈等公众平台发布自己的动态，却有十年吧龄，非常喜欢在贴吧发表一些博人眼球的帖子和评论，尤其喜欢讨论学校、学院制定发布的新规定、新政策等，打着"维护广大同学的旗号"发声，以此赢得更多的认同感。小李认为贴吧的隐蔽性更强，可以在化名的保护罩下尽情地"畅所欲言"。

（三）内在压力

小李最近在课业和科研方面的压力较大，经常闷闷不乐，看事情比较极端。在他看来，暂时的封闭性管理像是加上了一层枷锁，因此亟须一个宣泄情绪、排解压力的出口和方式。

（四）外部因素

因疫情防控需要，学校为保障广大师生的人身安全，在一定时期内，采取了教师居家办公、线上教学，学生线上学习的模式。除特殊人员可以进出校园外，杜绝一切与外界接触的机会。

三、案例处置

（一）科学研判，及时处置

联系各班班委，查找确定发帖人，控制住言论源头，不让事情继续发酵。通过摸排最近因为疫情封校而在情绪上出现较大波动以及经常逛贴吧、吧龄较长的学生，同时比对之前帖子中的时间、地点、人物等文字和图片信息，确定发帖人为小李同学。之后，辅导员立即给该同学打了电话，核实了身份并询问了发帖动机，动之以情，晓之以理，说明了帖子波及的人群、产生的影响，最终在发帖之后的两个小时之内成功将信息删除。

（二）查摆事实，讲明道理

第二天上午，辅导员单独联系该同学，进行了一个小时的谈心谈话。首先，辅导员强调了疫情防控的重要性，帮助他明确了当代大学生应承担的责任。同时，对学校不让外卖、快递随意进出校园做出解释：一方面，为了减少学生与外界人员的接触。另一方面，外卖的卫生情况难以保证，快递包装会产生大量垃圾，学校暂时性的规定也是出于为学生的健康考虑。其次，经与学校相关部门人员核实，校园疫情防控期间，物资供应有限，物价略微上涨。但所谓的"天价水果"其实是为了制造噱头，引人注意。再次，任何人都要遵守网络道德准则，在不了解学校规定的情况下，不能以个人立场发布任何煽动性言论和信息，要用合理的方式方法提出诉求、表达不满。

（三）做好监督，防患于未然

当今时代，万物互联互通，网络的传播速度快、影响力大，波及范围广。当天下午，辅导员召集了年级主要学生干部开会，了解帖子在学生之中产生的影响，并迅速排查贴吧之外的平台，看是否存在截图再次转发的情况，注意网络的动向，防止事态进一步严重和恶化。同时，再次重申校园封闭管理的原因，强调当前疫情防控的紧迫性，希望班委通过微博、QQ空间、微信朋友圈、抖音等平台密切关注同学的思想动态，防止因为政策解释不到位或沟通不及时而出现误会。

（四）提升共情，找准诉求

在与该同学的谈心谈话中，辅导员了解到有部分学生存在学习、生活不便的情况，原因是本该到达的快递滞留在了校外，影响了平时的学习和生活节奏。为不耽误学生使用学习资料、特殊用药等物品，辅导员在遵守学校疫情防控规定、做好自身防护的情况下，专门在线统计了快递取件码、单号、联系方式等信息，花费两天时间取回了快递并发放给学生，解决了学生的困难，满足了学生的合理诉求。

四、案例反思

经过一段时间的持续关注和教育引导，小李渐渐学会了换位思考，相比于之前习惯在网络上吐槽，转为更倾向于在现实生活中与人交流分享，人也变得开朗起来。这次事件的处理也给我一些启示。

一是见人，谈心、谈话、谈人生，聊天、聊地、聊理想，辅导员要做好日常情报员。网络是自主获取信息的主要平台，目前存在的问题是：学生的大局意识不强，网络信息分辨和处理的能力较弱。组建年级信息联络员队伍，让学生担任"千里眼""顺风耳"的角色。通过关注QQ空间、微信朋友圈、微博等学生较常使用的平台，及时了解学生的思想状态，加以引导。辅导员应了解疫情防控最新政策，提高自身政治理论水平，关注学生感兴趣的热点事件和话题，帮助学生解决在人际关系、学术研究、校园服务等方面遇到的困难和问题。

二是见事，没有实践就没有发言权，辅导员要做好信息联络员。出现不当、不实的网络言论，说明线上线下的思想政治教育结合得不紧密。要在把握好思政教育的主阵地和主战场的同时，做好网络社交平台的阵地建设，利用网络开展政治性、互动性、开放性强的思想教育引领活动，发布、传播权威信息，抵制、澄清不实言论，引导学生正确认识网络世界。同时，完善信息反馈和沟通机制，设置专门的网络发声平台，开放更多、更广阔的渠道，主动听取学生的意见和建议。有问题的解决问题，没问题的改善现状。

三是见情，从学生中来，到学生中去，辅导员要做好网络评论员。除了加强与学生干部和学生代表之间的联系，也要倾听普通学生的心声。学生的发声有时并不是为了站在老师的对立面，而是没有意识到自己的言论和行为会对学院、学校带来怎样的影响。引导学生换位思考、提高共情能力，加强与学生之间的互动交流，用学生喜闻乐见的网络方式发声，避免线下单纯说教，引起学生的反感和吐槽。在网上适当回复学生留言，进行评论、点赞，及时帮助学生答疑解惑、调节情绪。在做好思想教育和行为引导的同时，争取获得广大学生的认可、支持、协助，借助他们身上的影响力和带动力，进一步做好学生工作。

作者简介

　　王春宇，女，汉族，1977年1月出生，中共党员，文学硕士，副教授，国家二级心理咨询师、全球职业规划师。2007年7月入职山东科技大学计算机科学与工程学院从事辅导员工作，现任山东科技大学计算机科学与工程学院学生工作办公室主任（团委书记）。爱岗敬业、开拓创新，用爱心与专心关注学生的教育与成长。认真做好思想理论教育和价值引领工作，结合学院特色，组建学院融媒体中心，打造网络思政教育云平台，推出"荣团百人讲"等一系列网络思政短视频作品近300个。不断完善学院学生科技创新工作体系，构建"四对三结合"的学生创新实践活动模式，提高大学生的核心竞争力，助力学院连续七年获得"科技创新先进单位"荣誉称号。

辅导员工作感悟

　　教育强国征程中，高校辅导员岗位虽平凡，但责任重大、使命光荣。我们将始终牢记初心使命，把握学生成长、思想政治工作、教书育人规律，不断创新工作方法，进一步把握新时代青年的发展需求、学生成长成才的特征和思想特点，精准供给内容、指引航向。引导学生关注时代大事，将对自身成功的渴望与民族复兴、国家发展、社会进步相融合，帮助他们站稳立场、明晰目标、突出特色，走好人生之路。